FLAMENCO Guitar

BILINGUAL ENGLISH/SPANISH EDITION

BASIC TECHNIQUES   **TÉCNICAS BÁSICAS**

by Juan Serrano

My sincere thanks to Edwin Nicoloff and Albina C. Gardella, M.A. for their assistance in transcribing and translating my manuscript.

Juan Serrano

Juan Serrano uses and endorses LaBella strings.

Online Audio   *www.melbay.com/93632BCDEB*

AUDIO CONTENTS

1	Tuning Note [:11]
2	Rasgueado Exercise #1 [:12]
3	Rasgueado Exercise #2 [:13]
4	Rasgueado Exercise #3 [:10]
5	Rasgueado Study #1 [:15]
6	Rasgueado Study #2 [:17]
7	Rasgueado Study #3 [:18]
8	Rasgueado Study #4 [:18]
9	Rasgueado Study #5 [:17]
10	Scale #1 [:34]
11	Scale #2 [:20]

12	Scale #3 [:20]
13	Tremolo Study #1 [:35]
14	Tremolo Study #2 [:12]
15	Study for the Thumb [:20]
16	Study in Legatos #1 [:18]
17	Study in Legatos #2 [:22]
18	Arpeggio Exercise #1 [:29]
19	Arpeggio Exercise #2 [:11]
20	Arpeggio Exercise #3 [:10]
21	Arpeggio Exercise #4 [:08]
22	Study in C [1:03]

23	Sevillanas I, II, III, IV [4:04]
24	Farrucas [2:52]
25	Soleares [2:10]
26	Alegrias [1:49]
27	Alegrias Para Baile [2:54]
28	Fandangos de Huelva [2:16]
29	Tempestad (Rumba Flamenca) [2:42]
30	Bulerias [2:01]
31	Malaguena (Flamenca) [2:55]
32	Malaguena (Regional) [2:04]
33	Romance Flamenco [1:45]

1 2 3 4 5 6 7 8 9 0

Visit us on the Web at http://www.melbay.com — E-mail us at email@melbay.com

Juan Serrano was born in 1936 in Cordoba, Spain, the heart of the Andalusian flamenco country. Son of a professional guitarist, he acquired under his father's strict supervision a technical facility virtually unmatched today.

In Cordoba, where there are more flamenco players than in the United States, Serrano was acclaimed while still a teenager. He has such a huge following in his home town, that the clock in the public square sounds the time with flamenco recordings of Serrano.

In 1962, the guitarist first visited the United States with a Spanish dance company, having already established himself in Europe and South America as a guitarist of extraordinary talent. When the Spanish company's tour ended in Washington, he decided to pursue a solo career here. A long time before Serrano had visited America he had the enthusiastic support of another guitarist, Theodore Bikel, who had been singing his praises from coast to coast.

Soon after meeting Bikel, Serrano had an American recording contract with Elektra and later with RCA. His reputation was moving fast among local guitar aficionados.

His appearances in the United States brought additional fans as well as a wave of extraordinary reviews.

Honors followed his hard-earned success. He treasures a letter from President and Mrs. John F. Kennedy thanking him for his eloquent 1963 performance at the State Department in Washington.

In 1964 he received the Page One Ball from the Newspaper Guild of New York.

A gold medallion from The Spanish Academy of Fine Arts was presented to him during his performance at the Spanish pavilion in New York's 1965 World Fair for carrying the music of Spain to other lands.

In 1966 Fairfield University conferred an Honorary Doctor of Humane Letters degree in Fairfield, Connecticut.

In 1970 Serrano founded the International Flamenco Society of Michigan among whose distinguished honorary members are Joe Greco and Nana Lorca.

I first heard Juan Serrano play about 5 or 6 years ago. Since then I have listened to numerous recordings by Juan, and I am continually astounded by his fantastic technique and his unusual depth of expression. His playing ranges from glittering technical arrays of notes performed flawlessly to brooding introspective passages conveyed with passion and imagination. If you have never heard Juan, go out immediately and buy some of his records. Listening to one of Juan's records will be a real musical event for you. I was delighted when Juan approached me in regard to publishing his text on Flamenco Guitar. I feel this is the most authoritative and comprehensive text done to date on this exciting style of guitar. It it with great pleasure that we at Mel Bay Publications present this text by one of the world's greatest musicians and guitarists, Juan Serrano.

William Bay

INDEX
INDICE

INDEX
INDICE

INTRODUCTION

The flamenco guitar descended from a long line of Spanish ancestors, and it is a deviation from its classical counterpart.

According to one essayist on the subject, the guitar emanated from Egypt. Others like to believe that it evolved from the Greek-Assyrian cithara, brought into Spain by the Romans. However, the music of the guitar, that which accompanies the flamenco dance and song, in reality reveals evidence of Near-Eastern and Egyptian ancestry.

During its acclimatization in Spain, the minstrel and poet Bagdadi Ziryab added the fifth string.

The Spanish guitar, accepted throughout the entire peninsula during the 10th Century, soon distinguished itself for the rasgueado technique. Since the beginning of the 19th Century it has had six strings: E, A, D, G, B, E.

The music of the flamenco guitar depicts one of the marvels of the natural arts.

INTRODUCCIÓN

La guitarra flamenca cuenta con una ilustre ascendencia hispana y marca una desviación de la clásica.

Según algunos tratadistas, la guitarra es procedente de Egipto. Otros la suponen procedente de la cítara Greco-Asiria importada a España por los Romanos. Pero la música de la guitarra tal como acompaña al baile o al cante flamenco acusa en efecto evidentes reminiscencias orientales.

Durante su aclimatización en España el cantor y poeta Bagdadi Ziryab le añadió la quinta cuerda.

La guitarra Española aclimatada en toda la peninsula en el Siglo X, pronto se distinguió por la técnica del rasgueado. Desde principios del Siglo XIX, la guitarra posee seis cuerdas: MI, LA, RE, SOL, SI, MI.

La música de la guitarra flamenca constituye una de la maravillas del arte natural.

THE MYSTERIOUS ART CALLED FLAMENCO

Flamenco is the result of the integration of the diverse musical elements implicit in the different cultures found in Andalucía between the 8th century and the 15th century.

Andalucía is a region of Southern Spain divided into eight provinces: Sevilla, Cádiz, Córdoba, Málaga, Granada, Huelva, Jaén and Almería.

Tne musical elements assimilated by Andalucía during this period are the following: 1. the Liturgical Byzantine or Greek chant, maintained in Córdoba until the 8th century by the Mozarabic Church; 2. the primitive indo-musical systems transmitted by the human Syrian element and by the minstrel and poet Bagdadi Siryab; 3. the Moslem songs and music; 4. the psalmodic melodies and Jewish musical system assimilated between the 9th and 15th centuries; and 5. the mozarabic popular songs. From the influences of these musical cultures was born the Andalusian folklore.

Until the 15th century, the musical culture of Andalucía set the tone to the whole Iberic Peninsula. The reconquest of Córdoba and Sevilla (1236-1248) did not alter in its most minimal form the musical and folkloric traditions of Andalucía.

EL MISTERIOSO ARTE LLAMADO FLAMENCO

El Flamenco es el fruto de la integración de varios elementos musicales implícitos en las diversas culturas que convivieron en Andalucía desde el siglo VIII al XV.

Andalucía es una región del Sur de España dividida geograficamente en ocho provincias: Sevilla, Cádiz, Córdoba, Málaga, Granada, Huelva, Jaén y Almería.

Los elementos músicos asimilados por Andalucía durante dicho período son los siguientes: 1. canto litúrgico bizantino o griego mantenido en Córdoba hasta el siglo VIII por la iglesia mozárabe; 2. primitivos sistemas musicales indues transmitidos a través del elemento humano sirio y del cantor y poeta Bagdadi Siryab; 3. cantos y músicas musulmanas; 4. melodías salmodiales y sistema musical judío entre los siglos IX y XV; 5. canciones populares mozárabes. De la influencia de estas culturas musicales nació el folklore Andaluz.

Hasta el siglo XV la cultura musical de Andalucía dió la tónica a toda la península Ibérica. La reconquista de

6

The country of origin of the gypsies is India from where, at the beginning of the 9th century, they left in large numbers. For centuries these people remained settled in Greece and from there distributed themselves throughout the entire Balcanic Peninsula.

At the beginning of the 15th century, they arrived in Spain. It was thought then by the people that they came from Egypt, and they were called Egyptians, from which word derives the name "gitano" (gypsy). The gypsies brought from India their own songs which, although much altered by their errant life, maintained the characteristics of the oriental folklore.

From the reign of King Carlos I (1517-1556) to King Carlos III (1759-1788) the gypsies lived a hard and difficult life of persecution.

Córdoba y Sevilla (1236-1248) no alteró en lo más mínimo las tradiciones musicales y folklóricas de Andalucía.

El país de origen de los gitanos es la India. De allí partieron en gran oleada emigratoria a principios del siglo IX. Durante siglos estuvieron asentados en Grecia, de donde se distribuyeron por toda la peninsula Balcánica.

A principios del siglo XV llegaron a España. Se les creyó procedentes de Egipto y se les llamó "Egiptanos" de donde deriva el nombre de "gitano". De la India traían sus cantes propios que aunque muy alterados por su vida errante mantenían las características del folklore oriental.

Desde el reinado de Carlos I (1517-1556) hasta Carlos III (1759-1788) vivieron una dura vida de persecuciones.

The Moors had been expelled from Spain during the reign of King Felipe III (1598-1621), but many remained occult in the countryside of Andalucía. The gypsies also took refuge in the countryside of Andalucía.

The Jews who refused to convert to Christianity, imposed by the Inquisition in the 15th century, were also persecuted, and the Christians who opposed these laws also saw themselves forced to flee the country.

Because of these persecutions, these four cultures, the Jewish, Christian, Moorish and gypsy, merged, all sharing the musical and folkloric culture of Andalucía, and adding some of their own traditions: the songs of the Moorish countryman, the artful Judaizer, and all of the Andalusian folklore influenced by the Orient, enriched by the great Betic tradition. The gypsies added their passion, their tragic feeling of life, their traditional chant, full of Hindu reminiscences and natural rhythmic gift.

Los moros habían sido expulsados de España durante el reinado de Felipe III (1598-1621), pero quedaron muchos ocultos en los campos de Andalucía. Los gitanos también se refugiaron en los campos andaluces.

Los judíos que rehusaron convertirse al cristianismo impuesto por la Inquisición (sigloXV) también estaban perseguidos. Y los cristianos que estaban en contra de estas leyes también se vieron obligados a huir.

A consequencia de estas persecuciones se encontraron unidas estas cuatro culturas, judía, cristiana, mora y gitana. Todos participaban de las costumbres musicales y folklóricas andaluzas agregándole sus propias tradiciones: canciones campesinas de los agricultores moros, los resabios judaizantes y todo el folklore orientalizado andaluz respaldado por la gran tradición bética. Los gitanos ponen su apasionamiento, su sentido trágico de la vida, su tradición cantora llena de reminiscencias hindues y su nativo don del ritmo.

The result of the integration of all these elements created the mysterious art called flamenco.

The word flamenco is derived from the arabic word

فَلَّاحْ مِنْقُم

pronounced approximately, *fellah menkum*, meaning "farmer from your group". When this word appeared in the Andalusian folklore, it acquired the meaning of gypsy.

The name gypsy was very much prejudged by the people, because of the minor crimes committed by the gypsies during the period of persecutions. For this reason, when the human rights were passed by King Carlos III (1959) which gave the gypsies the same judicial rights of the rest of the Spanish people, they adopted the pseudonym "flamenco".

During this period they became protected by the nobility of Andalucía, and from this moment on their first basic songs began to be heard.

At first, the word "flamenco" was applied to the gypsies; after that,

El fruto de la integración de estos elementos fue el misterioso arte llamado flamenco.

La palabra flamenco es derivada del vocablo árabe

فَلَّاحْ مِنْقُم

pronunciada aproximadamente *fellah menkum,* que quiere decir "campesino de su grupo". Cuando esta palabra apareció en el folklore andaluz significaba gitano.

El nombre gitano era muy desprestigiado a causa de los pequeños delitos que se vieron obligados a cometer durante su persecución. Por esa causa, cuando las leyes humanitarias de Carlos III (1759) les dió la igualdad jurídica del resto de los españoles adoptaron el seudónimo "flamenco".

En esta epoca fueron protegidos por la nobleza de Andalucía y a partir de entonces se empiezan a escuchar los primeros cantes básicos.

Al principio, la palabra "flamenco" se aplicó a los gitanos. Después, al ser ellos los primeros interpretes de los

because these people were the first interpreters of the basic songs, it was used to classify the music, songs, and dance of this marvelous art form.

The basic songs of flamenco are tonas, siguiriyas, soleares and tangos. These songs were heard in the provinces of Sevilla and Cádiz.

The flamenco songs influenced by the basic songs are livianas, serranas, tientos, alboreas, cañas, polos, bulerías, romeras, caracoles, cantiñas, mirabras, y alegrías. These appeared in the provinces of Sevilla, Cádiz, Córdoba and Huelva.

The flamenco songs derived from the traditional fandangos of the Andalucian folklore are granadinas, malagueñas, tarantas, tarantos, jaberas, cartageneras, rondeñas and verdiales. These developed in the provinces of Granada, Jaén, Almeria and Málaga.

The flamenco songs influenced by the fandangos derivations and other musical extracts are the sevillanas, peteneras, villancicos, marianas, nanas and campanilleros.

cantes básicos sirvió para calificar la música, el cante y el baile de este maravilloso arte.

Los cantes flamencos básicos son tonas, siguiriyas, soleares y tangos. Estos surgieron entre Sevilla, Cádiz y sus provincias.

Los cantes flamencos influidos por los básicos son livianas, serranas, tientos, alboreas, cañas, polos, bulerías, romeras, caracoles, cantiñas, mirabrás y alegrías. Estos surgen entre las provincias de Sevilla, Cádiz, Córdoba y Huelva.

Los cantes flamencos derivados de los fandangos tradicionales del folklore andaluz son granadinas, malagueñas, tarantas, tarantos, jaberas, cartageneras, rondeñas y verdiales. Estos surgen en las provincias de Granada, Jaén, Almería y Málaga.

Los cantes flamencos influidos por las derivaciones de los fandangos y otros extractos musicales son sevillanas, peteneras, villancicos, marianas, nanas y campanilleros.

The flamenco styles derived from Galician (North-Western Spain) and Andalusian influences are the farrucas, garrotines and zapateados. The flamenco styles of Hispanic-American and Andalusian extracts are the guajiras, columbianas, rumbas, milongas and vidalitas.

Andalucia gave life to the art of flamenco. The affection for this art extended itself to the regions of La Mancha and Extremadura and from Extremadura it expanded as far as Salamanca and Valladolid in the North of Spain. From La Mancha it expanded as far as Madrid and Barcelona. After that, it established itself throughout Spain.

The success of flamenco in the world makes possible today the existence of geographical centers which may be called "flamenco colonies". These centers are Athens, Algiers, Alexandria, Cairo, London, Paris, Rome, Buenos Aires, Tehran, Tokyo, Mexico, New York, Hollywood and Detroit.

Flamenco is considered today the representation of Spain throughout the world.

Los estilos flamencos de procedencia Gallega e influjos andaluces son farrucas, garrotines y el zapateado. Los estilos flamencos de origen hispanoamericano y extractos andaluces son guajiras, columbinas, rumbas, milongas, y vidalitas.

Andalucía le dió vida al arte flamenco. La afición se extendió hacia las regiones de la Mancha y Extremadura. Desde Extremadura se prolongó hasta Salamanca y Valladolid por el norte. Y desde la Mancha se extendió hasta Madrid y Barcelona. Y en seguida se popularizó en toda España.

La fortuna del flamenco en el mundo hace posible que haya ciertos centros geográficos que se les puede dar el nombre de "colonias flamencas." Tales como Atenas, Argel, Alejandria, El Cairo, Londres, Paris, Roma, Buenos Aires, Teheran, Tokyo, Méjico, Nueva York, Hollywood y Detroit.

Hoy día el flamenco es considerado como la representación de España en el mundo entero.

MUSIC THEORY

Music is the art of combining the sounds and measures of a melodious, and harmonic form.

The musical staff consists of five lines and four spaces on which are written the notes.

The principal symbols of music are four, called notes, keys, silences, and alterations.

There are seven notes and they are named C, D, E, F, G, A, B.

According to their duration or value, their name is semibreve, minim, crochet, quaver, semiquaver, demisemiquaver, and double demisemiquaver.

The semibreve is worth four beats, the minim two beats, the crochet one beat, the quaver half beat, the semiquaver one fourth of a beat, the demisemiquaver one eighth of a beat, and the double demisemiquaver one sixteenth of a beat.

More information is on page <u>15</u>

TEORÍA MUSICAL

Música es el arte de bien combinar los sonidos y el tiempo de una forma melodiosa y armónica.

Pentagrama es la reunión de cinco lineas y cuatro espacios donde se escribe la música.

Los signos principales de la música son cuatro y se llaman notas, claves, silencios, y alteraciones.

Las notas son siete y se llaman DO, RE, MI, FA, SOL, LA, SI.

En su duración o valor, se llaman redonda, blanca, negra, corchea, semi-corchea, fusa, y semi-fusa.

La redonda vale cuatro tiempos, la blanca dos, la negra uno, la corchea medio, la semi-corchea un cuarto, la fusa un octavo y la semi-fusa un décimosexto.

En la página <u>15</u> encontrarán una explicación con más detalles.

MUSIC THEORY

The measure is the division of a musical composition into equal parts. This division is obtained by means of lines that perpendicularly cross the musical staff, and are equal to one measure.

The symbol of repetition is a double bar with two dots.

The bind, "Also known as a tie", is a curved line, which serves to unite two or more notes.

When it unites two notes of the same name and sound, only the first note is played, allowing the second one the time of its value without playing it. When the notes are of different name and sound, they are both played.

The measure has strong and weak beats. In 4/4 time, the first and third beat are strong, and the second and fourth are weak. In 3/4 time, the first beat is strong, and the last two are weak. In 2/4 time, the first one is strong, while the second is weak.

TEORÍA MUSICAL

Compás es la división de un trozo de música a partes iguales. Se logra esa división por medio de unas líneas que atraviesan perpendicularmente el pentagrama y se llaman líneas divisorias. Por lo tanto, cada cuadrado del pentagrama equivale a un compás.

El signo de repetición es una doble barra con dos puntillos.

La Ligadura es un signo curvo que sirve para unir dos o más notas.

Cuando une dos notas del mismo nombre y sonido se toca sólo la primera, dándole el valor de su tiempo a la segunda, pero sin tocarla. Cuando son de diferente nombre y diferente sonido se tocan las dos.

Los compases tienen tiempos fuertes y tiempos débiles. En el compás de 4/4 el primero y tercer tiempo son fuertes y el segundo y cuarto son débiles. En él de 3/4 el primer tiempo es fuerte y los dos restantes son débiles. En él de 2/4 el primero es fuerte y el segundo es débil.

MUSIC THEORY

The syncope is an articulated sound during a weak beat, while the strong sound remains silent.

The sound is the sensation received by the hearing through the vibrations of the sonorous bodies. The sound is classified in three ways; height, intensity, and tone color.

The height is the quantity of vibrations produced by a sound. The more vibrations a sound produces, the more acute the sound is.

The intensity is the amplitude and strength of these vibrations.

The tone-color is that characteristic which makes it possible to distinguish the sounds, and determine their source.

TEORÍA MUSICAL

El contratiempo es un sonido articulado en un tiempo débil mientras que el fuerte queda en silencio.

El sonido es la sensación que recibe el oído por el movimiento vibratorio de los cuerpos sonoros. El sonido se clasifica en tres partes; altura, intensidad y timbre.

La altura es la cantidad de vibraciones que produce un sonido. Cuantas más vibraciones tenga un sonido más agudo es.

La intensidad es la amplitud y fuerza de dichas vibraciones.

El timbre es la característica que hace distinguir los sonidos y de donde proceden.

NAME AND VALUE OF THE NOTES

NOMBRE Y VALOR DE LAS NOTAS

1 semibreve, (whole-note)	**1** redonda
equals	vale
2 minim, (half-note)	**2** blancas
or	0
4 crochet, (quarter-note)	**4** negras
or	0
8 quaver, (eighth-note)	**8** corcheas
or	0
16 semiquaver, (sixteenth-note)	**16** semi-corcheas
or	0
32 demisemiquaver, (thirty-second-note)	**32** fusas
or	0
64 double demisemiquaver, (sixty-fourth-note)	**64** semi-fusas

SYMBOLS
SIMBOLOS

LEFT HAND   MANO IZQUIERDA

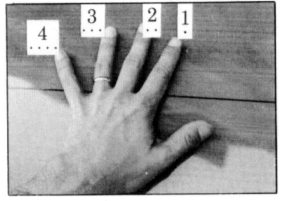

USE NUMBERS FOR MUSIC AND
DOTS FOR TABLATURE
USE LOS NÚMEROS PARA LA
MUSICA Y LOS PUNTOS PARA
LA TABLATURA

RIGHT HAND   MANO DERECHA

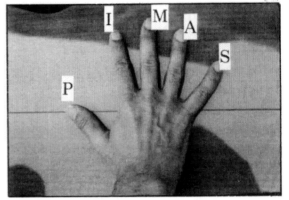

THE SAME FOR MUSIC AND
TABLATURE
LO MISMO PARA LA MÚSICA
QUE PARA LA TABLATURA

GENERAL MOTION   MOVIMIENTOS GENERALES

DOWNSTROKE	↑	DAR UN GOLPE EN LAS CUERDAS
LARGEST STRINGS TO SMALLEST		DE ARRIBA PARA ABAJO

UPSTROKE		DAR UN GOLPE EN LAS CUERDAS
SMALLEST STRINGS TO LARGEST	↓	DE ABAJO PARA ARRIBA

THIS SYMBOL REPRESENTING A DOWNSTROKE IS PLAYED SIMULTANEOUSLY WITH THE FOUR FINGERS OF THE RIGHT HAND, *s, a, m, i.*	↑	ESTE SÍMBOLO REPRESENTA UN GOLPE PARA ABAJO SOBRE LAS CUERDAS. SE TOCA CON LOS CUATRO DEDOS DE LA MANO DERECHA *s, a, m, i* SIMULTANEA MENTE.

THIS SYMBOL REPRESENTS THE BASIC RASGUEADO DOWN STROKE AND IS PLAYED AS A RAPID ARPEGGIO BY ALL FOUR RIGHT HAND FINGERS, *s*, *a*, *m*, *i*, UNLESS OTHERWISE INDICATED: EXAMPLE:	↑ 〉 〉 〉 ↑ 〉 P	ESTE SÍMBOLO REPRESENTA EL RASGUEADO BASICO Y SE TOCA COMO UN ARPEGIO RAPIDO CON LOS DEDOS DE LA MANO DERECHA *s*, *a*, *m*, *i*, TODOS PARA ABAJO, EXCEPTO CUANDO TENGA OTRA INDICACION. EJEMPLO:

THESE SYMBOLS REPRESENT DOWNSTROKES BY INDIVIDUAL FINGERS.	↑ ↑ ↑ ↑ ↑ *p* *i* *m* *a* *s*	ESTOS SÍMBOLOS REPRESENTAN TOCAR LAS CUERDAS PARA ABAJO INDIVIDUALMENTE CON LOS DEDOS QUE ESTEN MARCADOS.

THIS SYMBOL REPRESENTS AN UPSTROKE AND IS PLAYED ONLY WITH THE RIGHT HAND INDEX FINGER (*i*) UNLESS OTHERWISE INDICATED; EXAMPLE:	↓ ↓ P	ESTE SÍMBOLO REPRESENTA TOCAR LAS CUERDAS PARA ARRIBA CON EL DEDO INDICE DE LA MANO DERECHA,(*i*) EXCEPTO CUANDO TENGA OTRA INDICACION. EJEMPLO:

THIS SYMBOL IS PLAYED BY CROSSING THE RIGHT HAND OVER THE SIX STRINGS AT THE LOWER END OF THE FINGER BOARD AND THE TIPS OF THE FINGERS PRODUCE A SOFT STROKE ON THE SOUNDING BOARD OF THE GUITAR	Ⓣ	ESTE SÍMBOLO SE TOCA ATRA-VESANDO LA MANO DERECHA SOBRE LAS SEIS CUERDAS EN LA PARTE FINAL DEL DIAPASÓN Y QUE LAS PUNTAS DE LOS DEDOS DEN UN PEQUEÑO GOLPE EN LA TAPA.

SYMBOL FOR THE SPANISH WORD "GOLPE"---MEANING TO TAP THE TOP OF THE GUITAR ONLY WITH THE ANULAR (a) FINGERTIP.		ESTE SÍMBOLO SIGNIFICA "GOLPE" Y SE TOCA DANDO UN PEQUEÑO GOLPE CON EL DEDO ANULAR (a) EN EL GOLPEADOR DE LA GUITARRA.

ROMAN NUMERALS ARE USED TO INDICATE AT WHICH FRET SPACE THE INDEX FINGER OF THE LEFT HAND IS TO BE LOCATED ON THE FINGERBOARD.

A LETTER C PRECEDING A ROMAN NUMERAL REQUIRES MAKING A GRAND BARRE AT THAT PARTICULAR POSITION.
A LETTER ¢ WITH A SLASH THROUGH IT IS USED TO DESIGNATE A PARTIAL OR "HALF" BARRE.

LOS NÚMEROS ROMANOS SE USAN PARA INDICAR EN QUÉ ESPACIO DEL DIAPASÓN SE COLOCA EL DEDO INDICE DE LA MANO IZQUIERDA.

LA LETRA C QUE PRECEDE LOS NÚMEROS ROMANOS SIGNIFICA HACER CEJILLA CON EL DEDO INDICE DE LA MANO IZQUIERDA EN EL ESPACIO INDICADO POR LOS NÚMEROS ROMANOS. LA LETRA ¢ CON UNA LÍNEA ATRAVESADA SIGNIFICA HACER SOLAMENTE MEDIA CEJILLA.

C I— C II— C III— ETC.
¢ I— ¢ II— ¢ III— ETC.

TRANSLATIONS FOR MUSIC AND TABLATURE

FREESTROKE...........................TIRANDO

RESTSTROKE..........................APOYANDO

The "Tablature" is a system of music written with numbers.

The musical staff of the "tablature" is different from the conventional staff, which is composed of five lines in that it has six lines, respectively representing the six strings of the guitar.
(Example) (1)

The numbers on the strings indicate the spaces, which are to be played. The zero means that the string is to be plucked without pressing the finger of the left hand on the space. Thus, a five on the first line means that the first string must be played on the 5th space, (Example) (2) A zero on the second line means that the second string must be played opened. (Example) (3)

The frets of the guitar are slender strips of metal fastened at intervals on the neck of the guitar to determine the intervals of the scale.

Between the frets are the spaces, and it is these spaces where the tips of the fingers of the left hand are placed.
(Example) (4)

La "Tablatura" es un sistema de música cifrada.

El pentagrama de la "tablatura" se diferencia de él de la música convencional, en que éste tiene cinco líneas y él de la tablatura se compone de seis líneas que representan las seis cuerdas de la guitarra. (Ejemplo) (1)

Los números sobre las cuerdas indican los espacios que deben ser tocados.

El cero indica tocar las cuerdas al aire, o sea, sin oprimirlas en ningún espacio.

Por ejemplo, un 5 sobre la primera línea quiere decir que la primera cuerda tiene que ser tocada en el 5º espacio. (Ejemplo) (2) Un cero sobre la segunda línea quiere decir que la segunda cuerda tiene que ser tocada al aire. (Ejemplo) (3)

Los trastes de la guitarra son las barritas metálicas que están incrustadas en el diapasón. Entre traste y traste están los espacios, en estos espacios es donde se colocan los dedos de la mano izquierda. (Ejemplo) (4)

Musical staff of the
Tablature

Pentãgrama de la
Tablatura

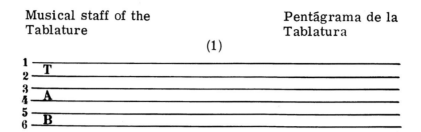

(1)

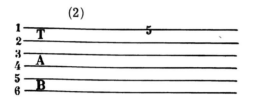

(2)

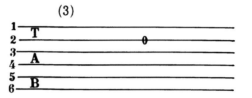

(3)

(4)

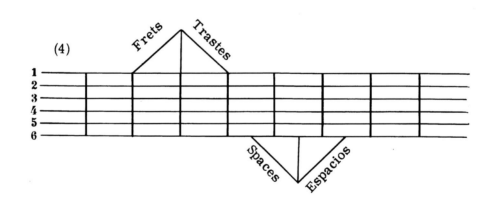

Musical notes of the
open strings

Nota musical de las
cuerdas tocadas al aire

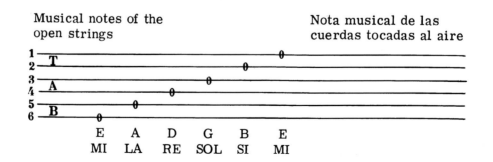

E	A	D	G	B	E
MI	LA	RE	SOL	SI	MI

RASGUEADO

The "rasgueado" is the identification of the flamenco music. It produces the sound of rain, the double beat of a drum, or castanets.

This technique permits one to play various strings simultaneously, and produces audacious rhythmic and harmonic combinations.

Thanks to the "rasgueado" technique, it is possible to develop the rhythm with much greater volume, and to express deeper inner emotions with more intensity.

In order to acquire this technique, it is necessary to practice rather slowly, allowing the fingers to develop individually, without depending upon one another. At the beginning of this preparatory study, each finger marks one beat, in order to become accustomed to this technique.

The "rasgueado" begins by letting the thumb finger (P) rest upon the sixth string, and closing the rest of the fingers inwardly (illust. 1).

RASGUEADO

El "rasgueado" es la identificación de la música flamenca. Produce un rumor de lluvia,redoble de tambor o de castañuelas.

Esta técnica permite tocar simultaneamente sobre varias cuerdas y producir audaces combinaciones rítmicas y armónicas.

Gracias al "rasgueado" se le puede dar al rítmo,mayor desarrollo tonal y expresar con más intensidad la emoción personal.

Para desarrollar bien esta técnica, es necesario practicarla muy despacio, para que los dedos aprendan a individualizarse y a no depender el uno del otro. En el primer estudio de preparación, cada dedo marca un tiempo, con el fin de que se acostumbren al orden que la técnica requiere.

El "rasgueado" empieza descansando el dedo pulgar (p) en la sexta cuerda y cerrando los demás dedos sin oprimirlos (ilustración 1).

The first beat is played by allowing the index finger (i) (illust. 2) to slide across the strings and return to its initial position, before allowing the following fingers to play. After that the little finger(s) will slide across the strings (illust. 3) followed by the ring finger (a) (illust. 4) and finally the middle finger (m) (illust. 5). Simultaneously, the three fingers then return to their initial position, in order to start again with the index finger (i) and repeat this sequence until the fingers are accustomed to this technique.

Se toca el primer tiempo resbalando el dedo índice (i), (ilus. 2) que regresará a su primera posición antes de tocar con el siguiente,que será el meñique (s), (illus. 3), anular (a), (ilus. 4), y medio (m) (ilus. 5), simultaneamente vuelven los tres dedos a su posición original, para empezar otra vez con el dedo índice (i) y repetir la misma secuencia,hasta que los dedos se acostumbren a este orden.

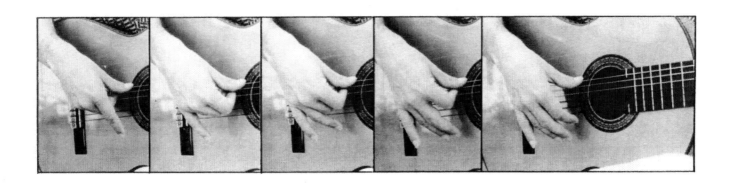

Preparatory Study.   Estudio de preparacion.

RASGUEADO

JUAN SERRANO

EXER.1

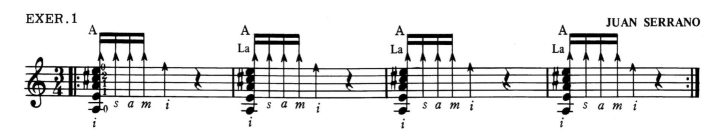

EXER.2

EXER.3

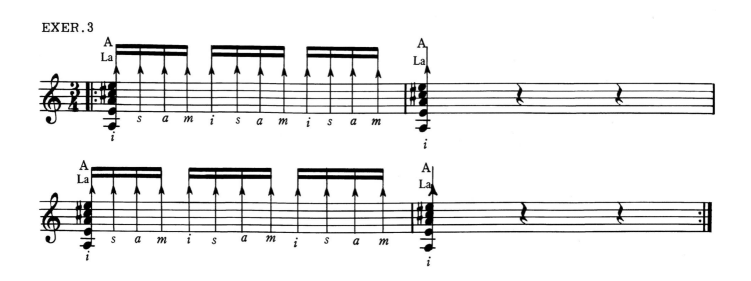

RASGUEADO

Study
Estudio 1

JUAN SERRANO

Study
Estudio 2

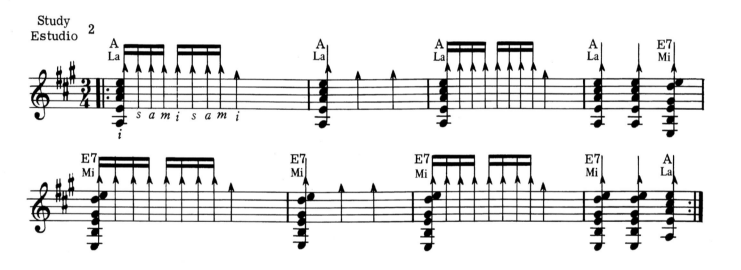

Study
Estudio 3

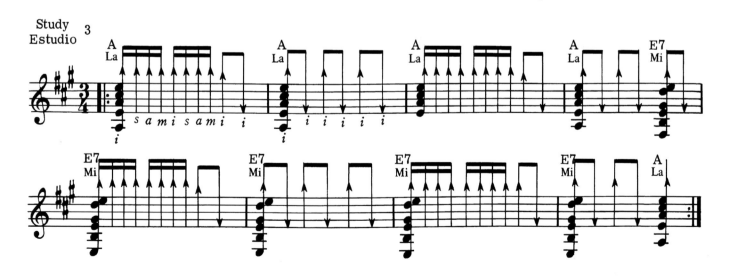

RASGUEADO (CONT.)

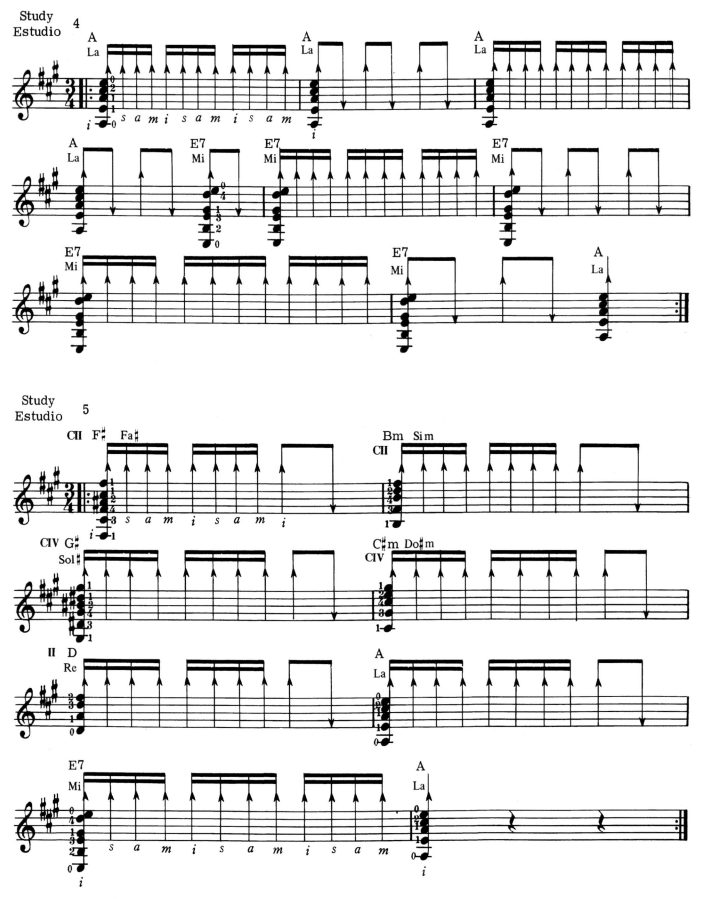

RASGUEADO

JUAN SERRANO

EXER.1

EXER.2

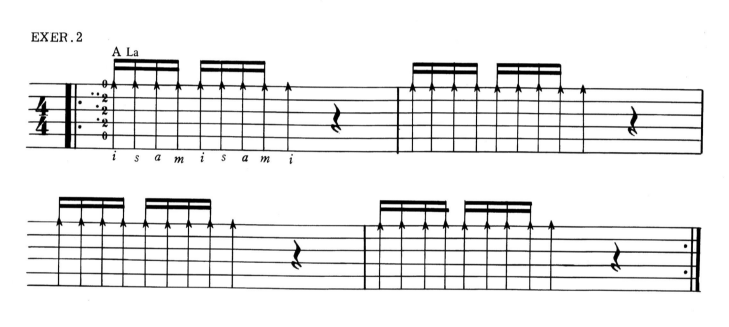

EXER.3

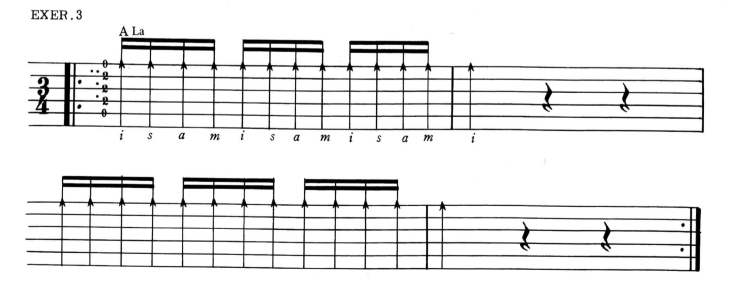

27

RASGUEADO

JUAN SERRANO

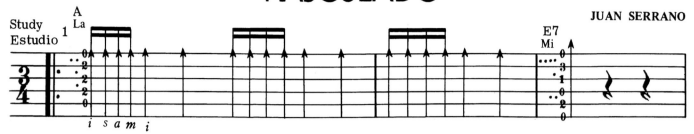

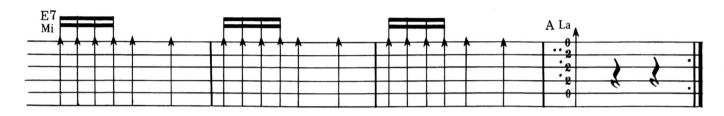

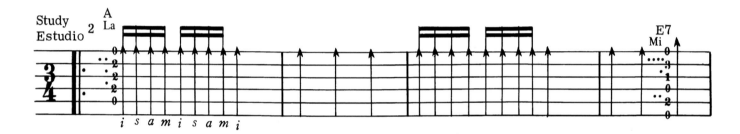

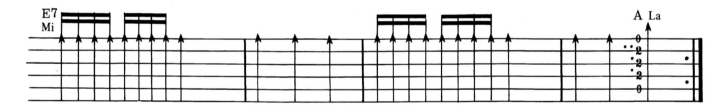

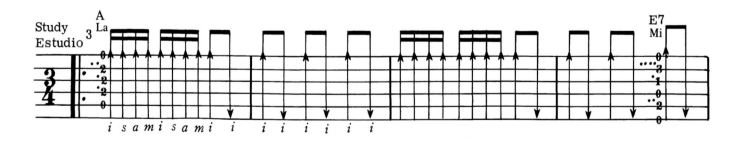

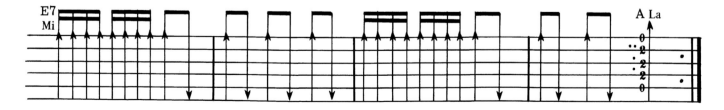

RASGUEADO (CONT.)

JUAN SERRANO

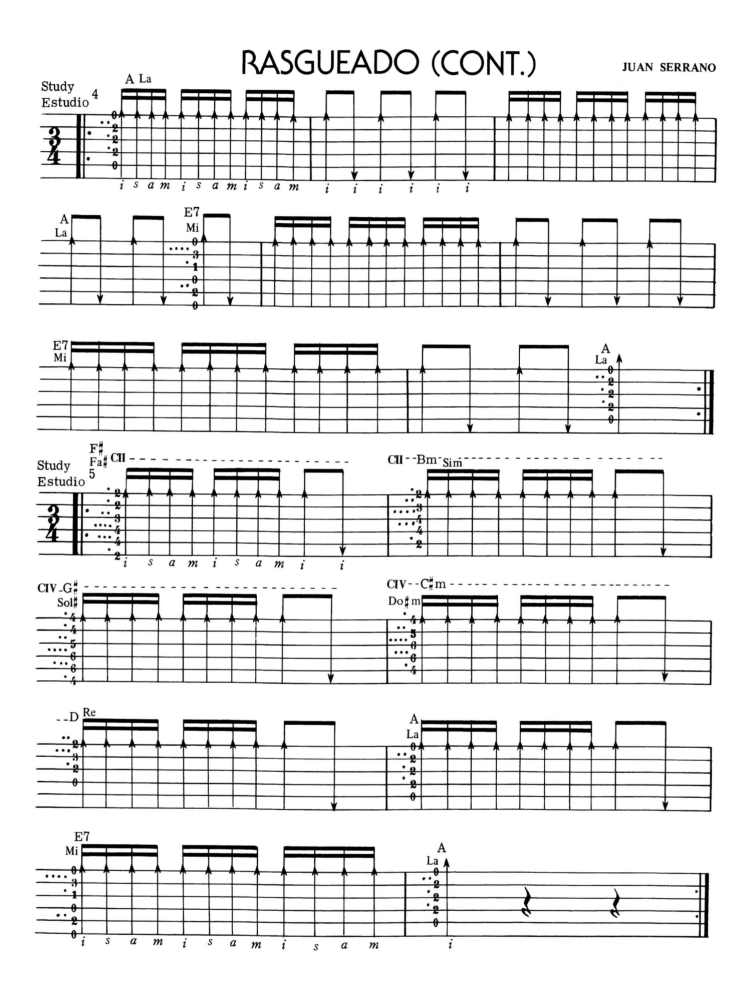

SCALE ESCALA No. I

APOYANDO

Strict rotation
of i and m throughout

Rotación estricta
de i, m

JUAN SERRANO

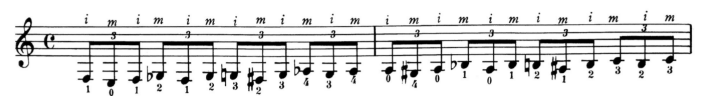

SCALE
ESCALA No. II

JUAN SERRANO

APOYANDO

Strict rotation
of i, m throughout

Rotación estricta
de i, m

SCALE / ESCALA No. III

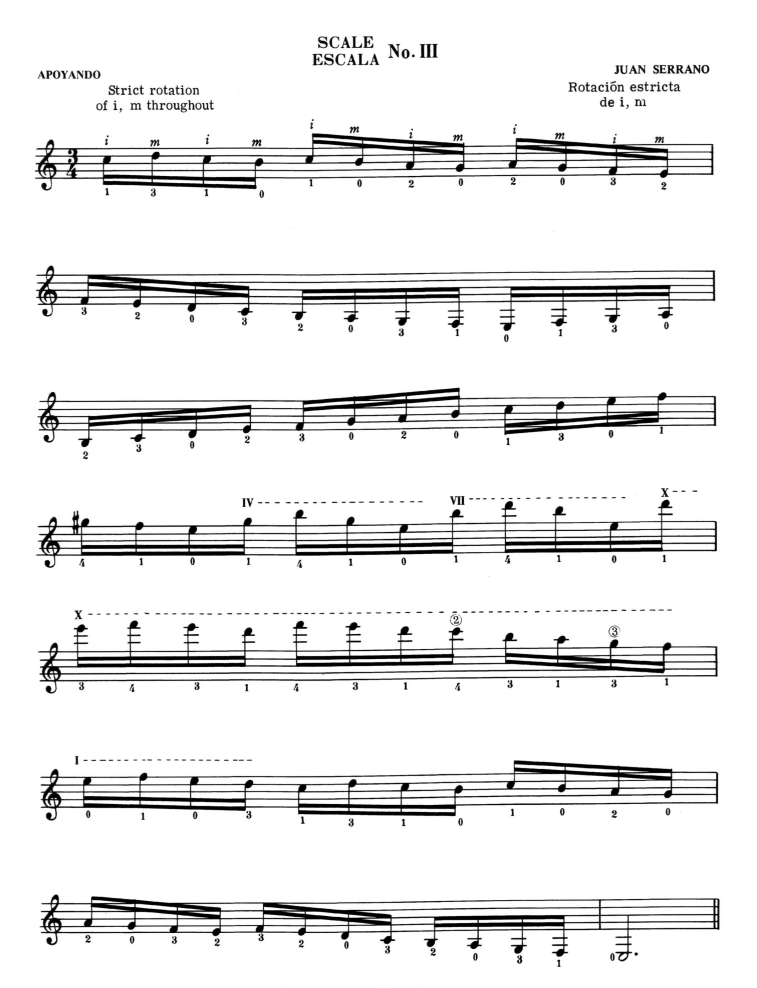

APOYANDO

Strict rotation
of i, m throughout

JUAN SERRANO

Rotación estricta
de i, m

APOYANDO
Strict rotation
of i, m throughout

SCALE No. I
ESCALA

JUAN SERRANO
Rotación estricta
de i, m

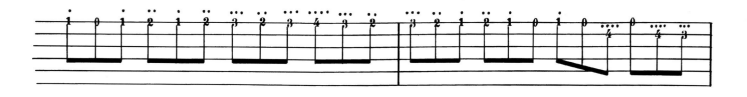

SCALE
ESCALA No. II

JUAN SERRANO

APOYANDO

Strict rotation
of i, m throughout

Rotación estricta
de i, m

SCALE
ESCALA No. III

JUAN SERRANO

APOYANDO

Strict rotation
of i, m throughout

Rotacion estricta
de i, m

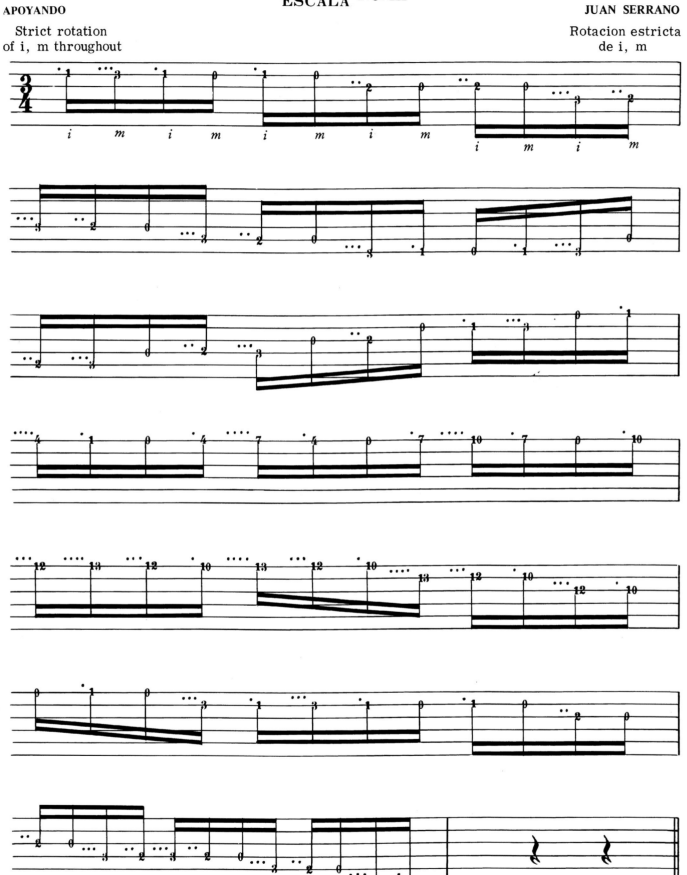

TREMOLO STUDY
ESTUDIO No. I

JUAN SERRANO

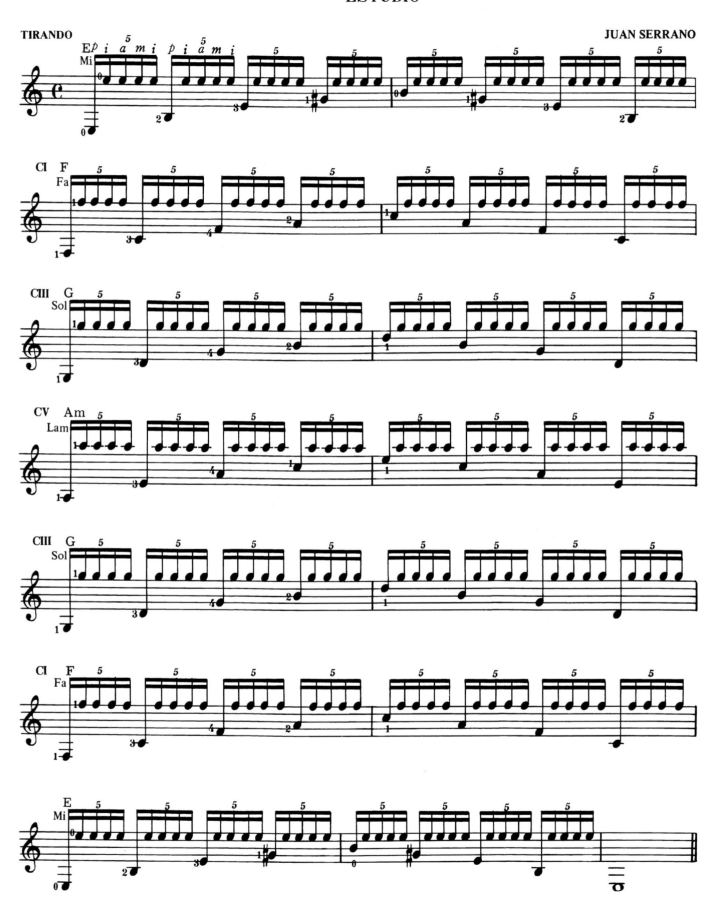

TREMOLO-STUDY/ESTUDIO-No. II

JUAN SERRANO

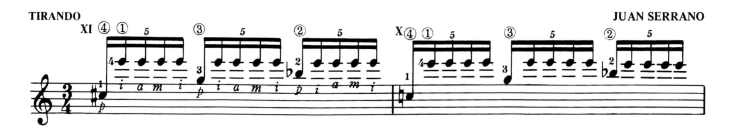

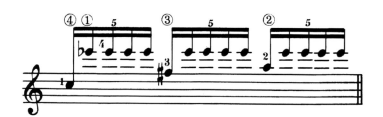

Continue this tremolo study in the same decending fashion as above, all the way down to the first position.

Este estudio de trémolo se continua en la misma forma descendente hasta la primera posición.

TREMOLO - STUDY/ESTUDIO - No. I

JUAN SERRANO

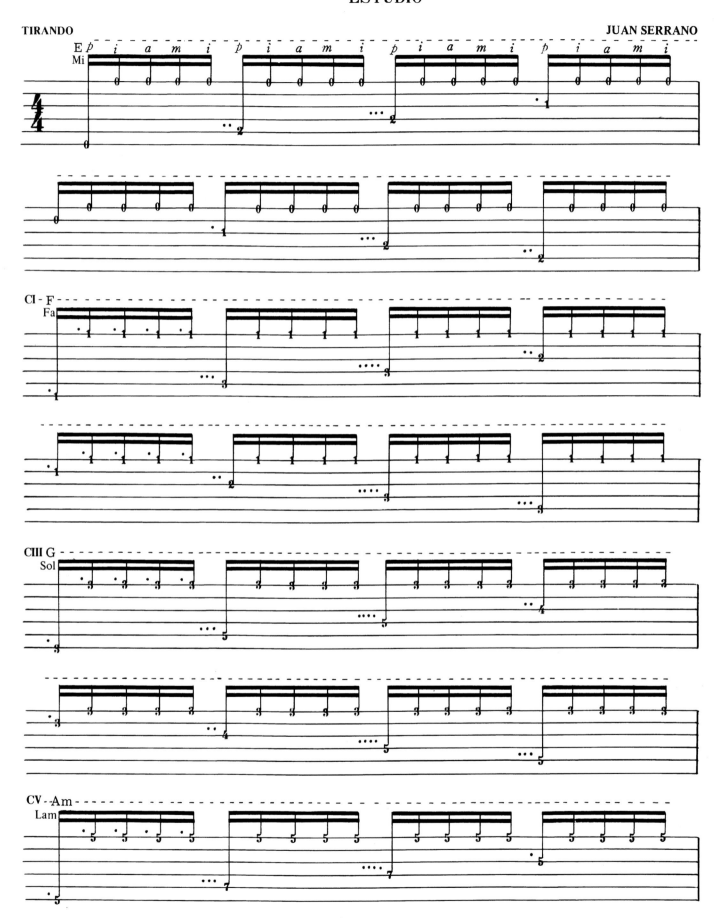

TREMOLO - STUDY / ESTUDIO - No. I

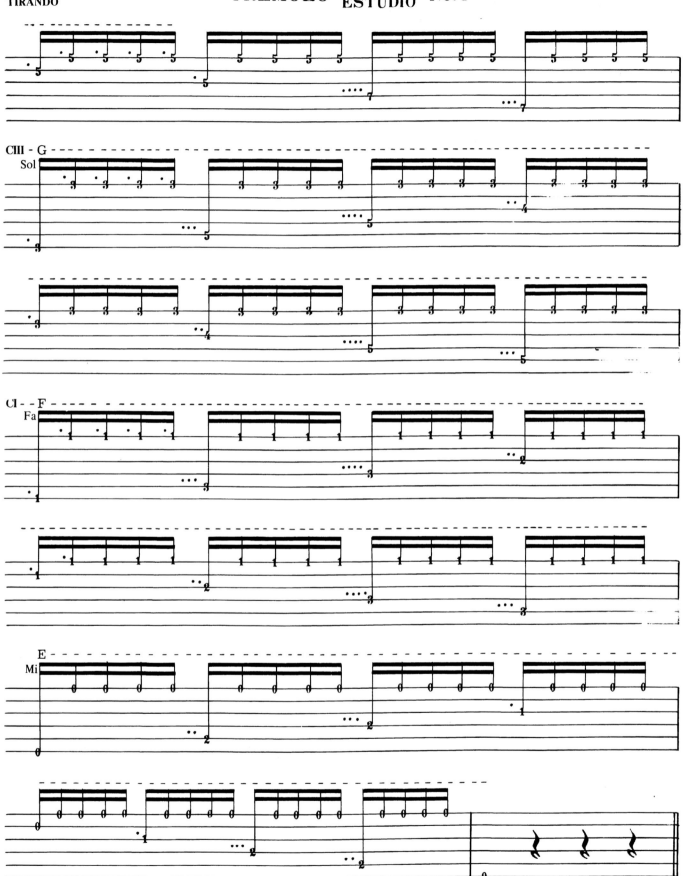

TREMOLO - STUDY/ESTUDIO - No. II

TIRANDO

JUAN SERRANO

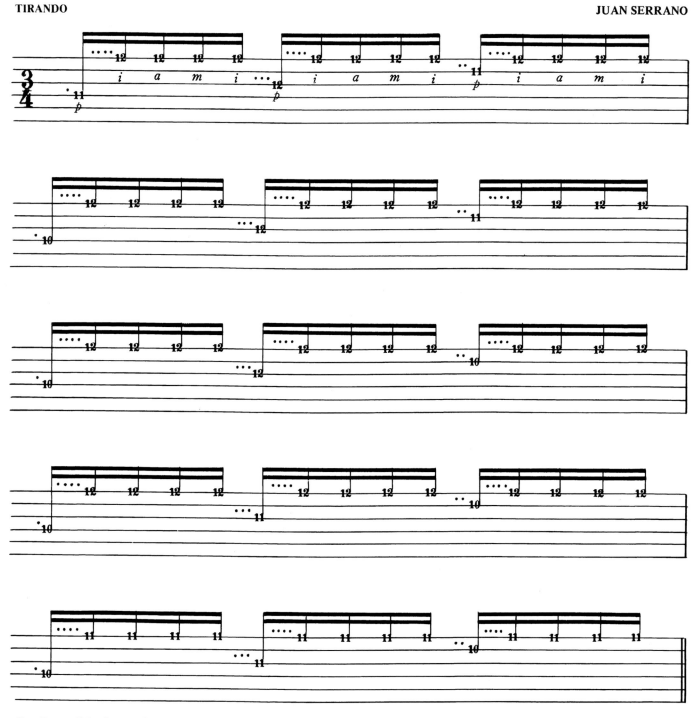

Continue this tremolo study in the
same descending fashion as above,
all the way down to the first position.

Este estudio de trémolo, se continua
en la misma forma descendente hasta
la primera posicion.

STUDY FOR THE THUMB (P)
ESTUDIO DE PULGAR

APOYANDO

JUAN SERRANO

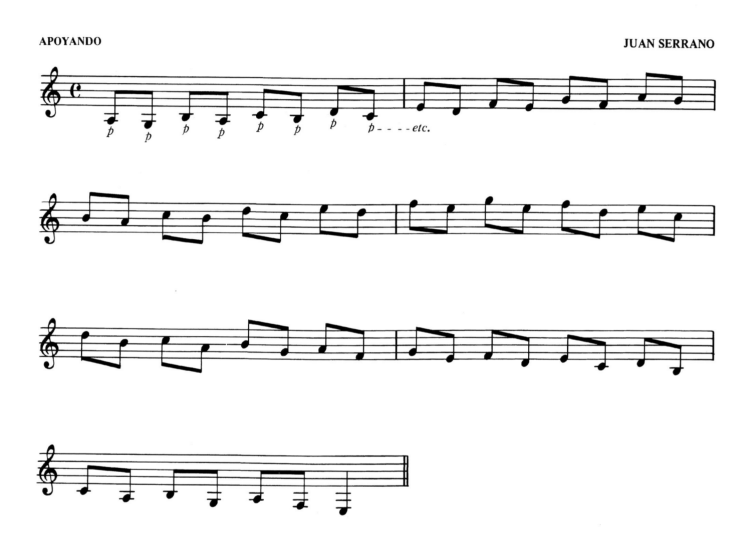

STUDY FOR THE THUMB
ESTUDIO DE PULGAR (P)

APOYANDO

JUAN SERRANO

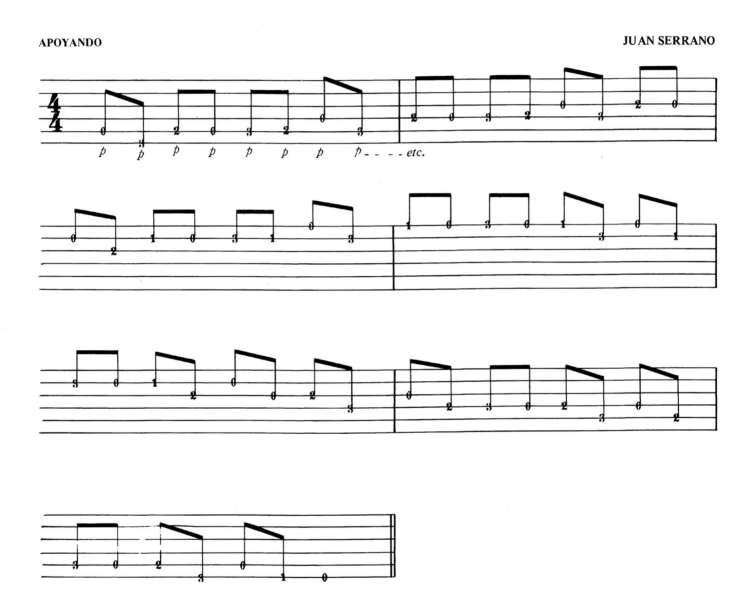

STUDY IN LEGATOS
(Ascending and descending)
ESTUDIO DE LIGADOS No. I
(Ascendentes y descendentes)

JUAN SERRANO

STUDY
ESTUDIO No. II

STUDY IN LEGATOS
(Ascending and descending)
ESTUDIO DE LIGADOS
(Ascendentes y descendentes)

STUDY
ESTUDIO **No. I**

APOYANDO

(Use Thumb throughout)

JUAN SERRANO

(Todo con Pulgar)

STUDY IN LEGATOS
(Asecnding and descending)
ESTUDIO DE LIGADOS
(Ascendentes y descendentes)

STUDY
ESTUDIO No. II

APOYANDO

(Use Thumb throughout)

JUAN SERRANO

(Todo con Pulgar)

45

ARPEGGIO EXERCISE
EJERCICIOS DE ARPEGIO

JUAN SERRANO

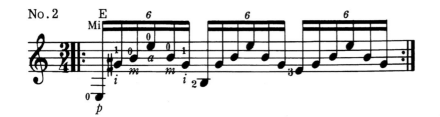

No. 2

Repeat for chords F-G-Am-G-F
(Same as above in exer. No. I)
Repítase con los mismos acordes
del ejercicio No. I

No. 3

Repeat for chords F-G-Am-G-F
Repítase en FA-SOL-LAm-SOL-FA.

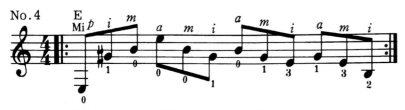

No. 4

Repeat for chords F-G-Am-G-F.
Repítase em FA-SOL-LAm-SOL-FA.

All the notes tirando, except
the anular finger (a)–Apoyando

Todas las notas tirando, excepto
con el dedo anular (a)–Apoyando

ARPEGGIO EXERCISE
EJERCICIOS DE ARPEGIO

No. I

JUAN SERRANO

All the notes tirando,
except the anular finger
(a)---- Apoyando

Todas las notas tirando,
excepto con el dedo anular
(a)---- Apoyando

ARPEGGIO EXERCISES
EJERCICIOS DE ARPEGIO *(Cont.)*

JUAN SERRANO

All the notes tirando,
except the anular finger
(a)---- Apoyando

Todas las notas tirando,
excepto con el dedo anular
(a)---- Apoyando

NO. 2

Repeat for chords F-G-Am-G-F
(Same as above in exer. No. I)

Repítase con los mismos acordes
del ejercicio No. I

NO. 3

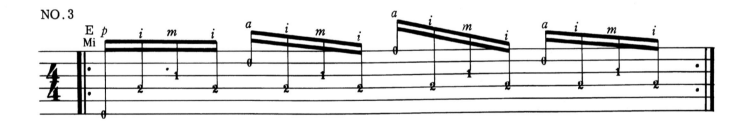

Repeat for chords F-G-Am-G-F.

Repítase en FA-SOL-LAm-SOL-FA .

NO. 4

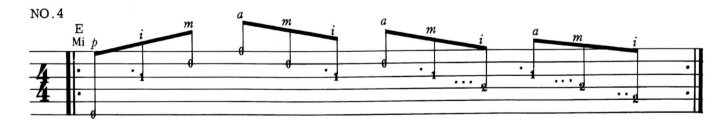

Repeat for chords F-G-Am-G-F.

Repítase en FA-SOL-LAm-SOL-FA.

STUDY IN (C)
STUDIO EN (DO)

JUAN SERRANO

All the notes tirando, except the
anular finger (a) - Apoyando

Todas las notas tirando, excepto
con el dedo anular (a)-Apoyando

STUDY IN (C)
ESTUDIO EN (DO)

JUAN SERRANO

All the notes tirando, except
the anular finger (a) - Apoyando

Todas las notas tirando, excepto
con el dedo anular (a) - Apoyando

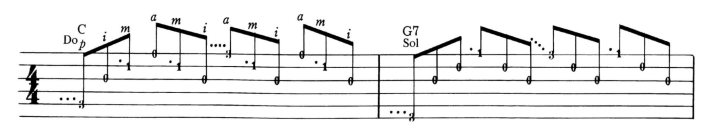

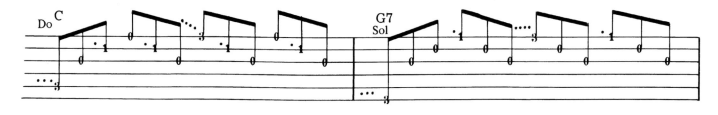

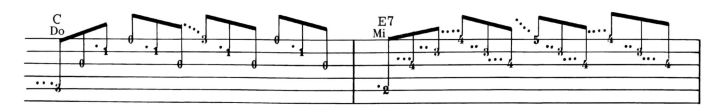

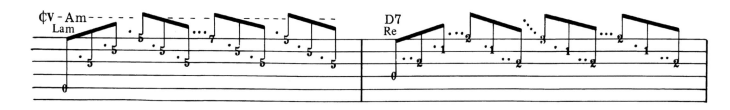

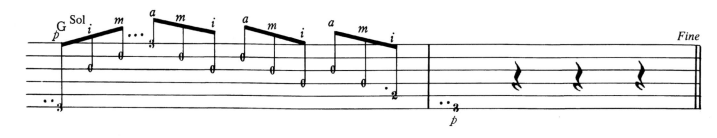

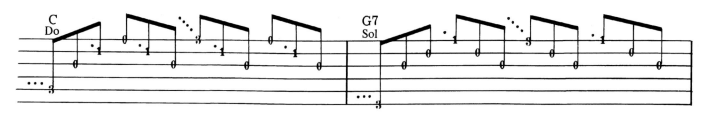

STUDY IN (C)
ESTUDIO EN (DO)

JUAN SERRANO

C Do — G7 Sol

C Do — B7 Si

Em Mim — F Fa — CI

D.C. al Fine

All the notes tirando, except
the anular finger (a)-Apoyando

Todas las notas tirando, excepto
con el dedo anular (a)-Apoyando

51

SEVILLANAS

The Sevillanas are a form of folkloric song influenced by flamenco and proceeding from the Seguidilla of La Mancha. Its danceable rhythm is associated with the traditional country music.

The fundamental importance of the copla is to accompany this popular dance with castanets (1). The distinctive sound of the Sevillanas is their contagious grace, their liveliness, and also their agile and flexible dynamism.

Among the principal forms of the Sevillanas, the ones that most stand out are those of the 18th Century.

The Sevillanas are individual songs. In order for a composition to be complete, four different Sevillanas must be played, each one given a name: 1st, 2nd, 3rd, and 4th.

Each Sevillana is composed of three passages which are called introduction, (introdución,) outset, (salida,) and couplet, (copla.)

(/) An instrument of percussion, of oriental origin, introduced into Spain by the Greeks and Romans.

Sevillanas es un tipo de canción folklórica aflamencada que deriva de las seguidillas manchegas. Su rítmo bailable está afiliado a la tradición musical campesina.

La importancia de la copla reside fundamentalmente en servir de acompañamiento a este popular baile de castañuelas (1). La nota distintiva de las sevillanas es su gracia contagiosa, su viveza y también su ágil dinamismo y flexibilidad.

Entre los principales estilos de sevillanas las que más destacan son las del siglo XVIII.

Las sevillanas son canciones individuales. Para que una composición sea completa hay que tocar cuatro diferentes, dandoles el nombre de 1a, 2a, 3a, y 4a.

Cada sevillana se compone de 3 pasajes que se llaman introducción, salida, y copla.

(1) Instrumento de percusión de procedencia oriental, introducido en España a través de Griegos y Romanos.

The Copla of each Sevillana must be repeated three times in order to be complete. All of the Sevillanas are in 3/4 time.

Note
In the four Sevillanas of the following composition, the name of each passage is indicated the moment it begins.

La copla de cada Sevillana se tiene que repetir tres veces para que sea completa. Todas las Sevillanas se miden en tiempo de 3/4.

Nota
En las cuatro Sevillanas de la composición que sigue está marcado el nombre de cada pasaje en el momento que se inicia.

SEVILLANAS I

JUAN SERRANO

54

SEVILLANAS II

JUAN SERRANO

INTRO

SEVILLANAS III

JUAN SERRANO

56

SEVILLANAS IV

57

SEVILLANAS I

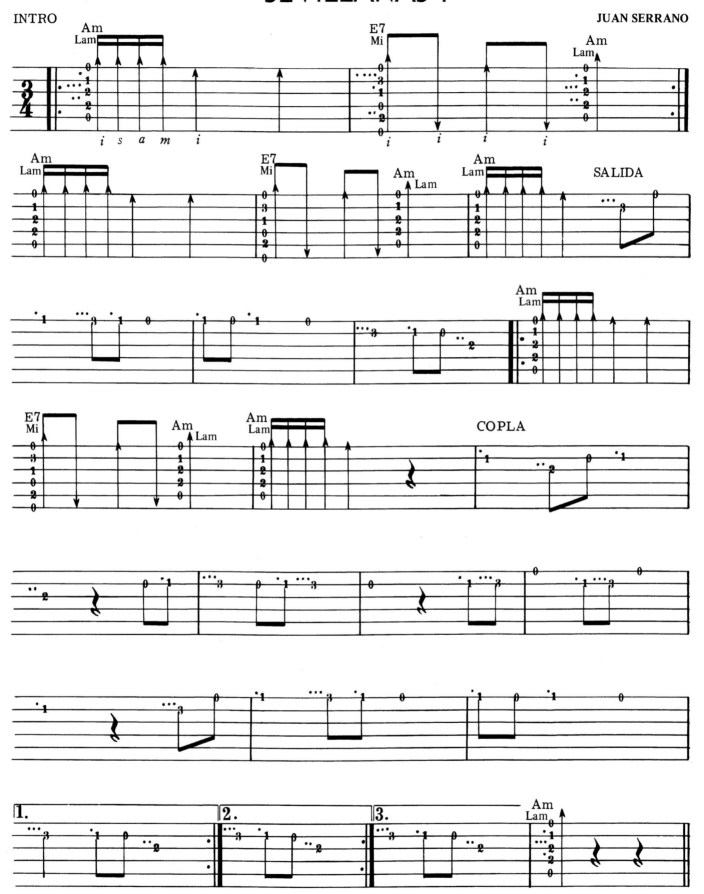

SEVILLANAS II

SEVILLANAS III

JUAN SERRANO

INTRO

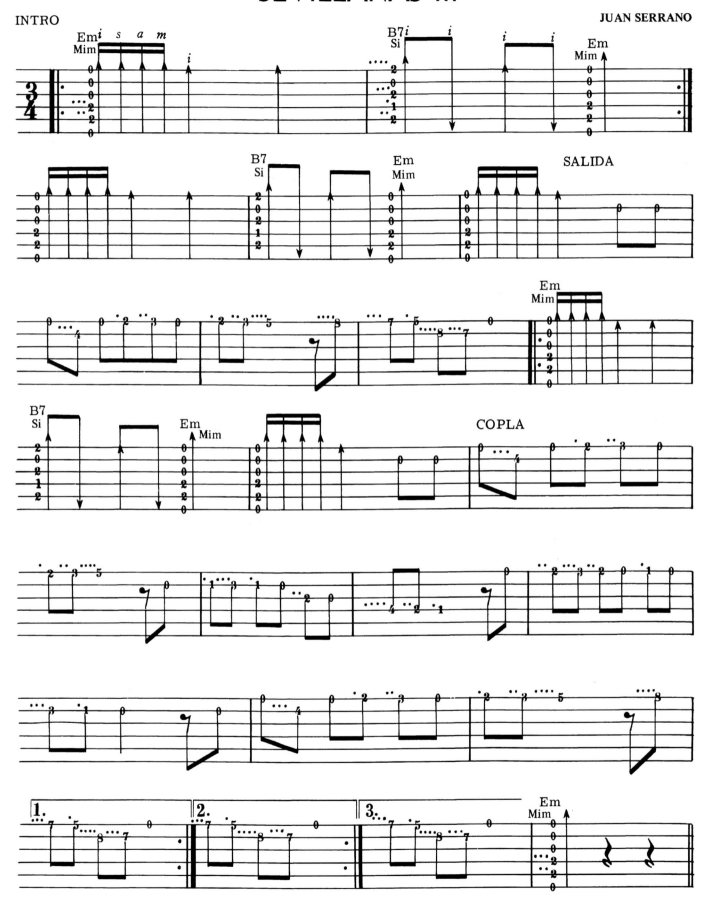

SEVILLANAS IV

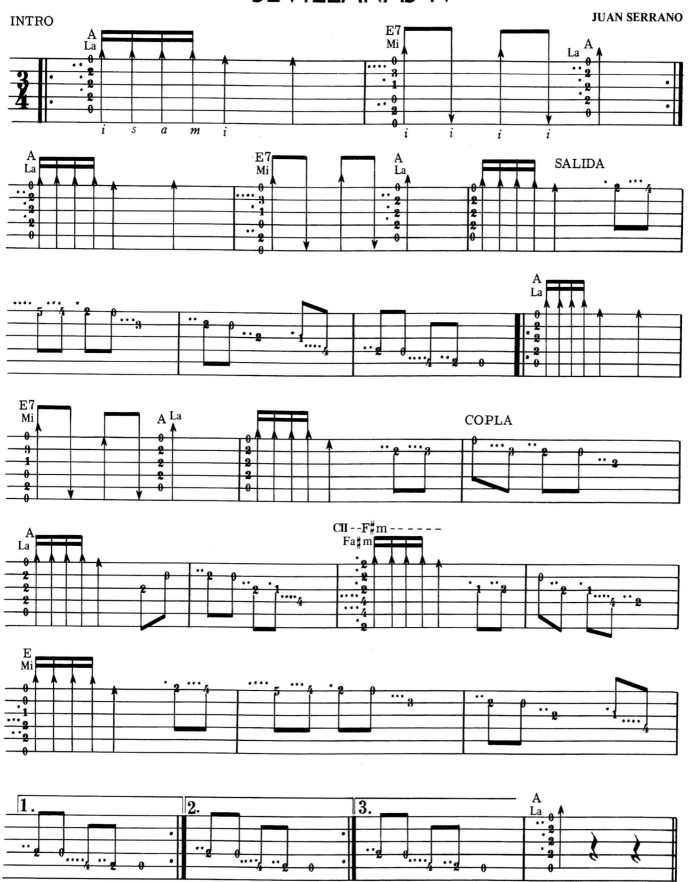

FARRUCAS

The Farruca is a descendant of Galicia (Northern Spain). The emigrants of Galicia, residents of Andalucía, connected certain melodies and words with flamenco, and the Farruca was born from this combination.

As a dance, it began to be interpreted in the middle of the past century.

Its music is expressed in measures. It is melancholic, and at times influenced by certain forms of Cadiz.

The Farruca is played in the key of A minor, and 4/4 time.

A flamenco phrase consists of eight musical bars, each equivalent to two measures of four beats, with the accent on the 1st, 3rd, 5th, and 7th.

Example: 4/4 time—

```
>    >    >      >
1  2  3  4  5    6  7  8
```

FARRUCAS

La Farruca es descendiente de Galicia (Norte de España). Los Emigrantes Gallegos, residentes en Andalucia, conectaron ciertos aires y letras con el flamenco, y de esta conexión nació la Farruca.

Como baile, se empezó a interpretar a mediados del siglo pasado.

Su música es cadenciosa y melancólica, influida a veces por algunas formas Gaditanas.

La Farruca se toca en el tono de LA menor, y se mide en 4/4.

Una frase flamenca consiste en ocho tiempos equivalentes a dos compases de cuatro tiempos cada uno con acentos en 1, 3, 5, 7.

Ejemplo: 4/4

```
>    >    >    >
1  2  3  4  5  6  7  8
```

FARRUCAS

JUAN SERRANO

63

FARRUCAS (CONT.)

JUAN SERRANO

FARRUCAS (CONT.)

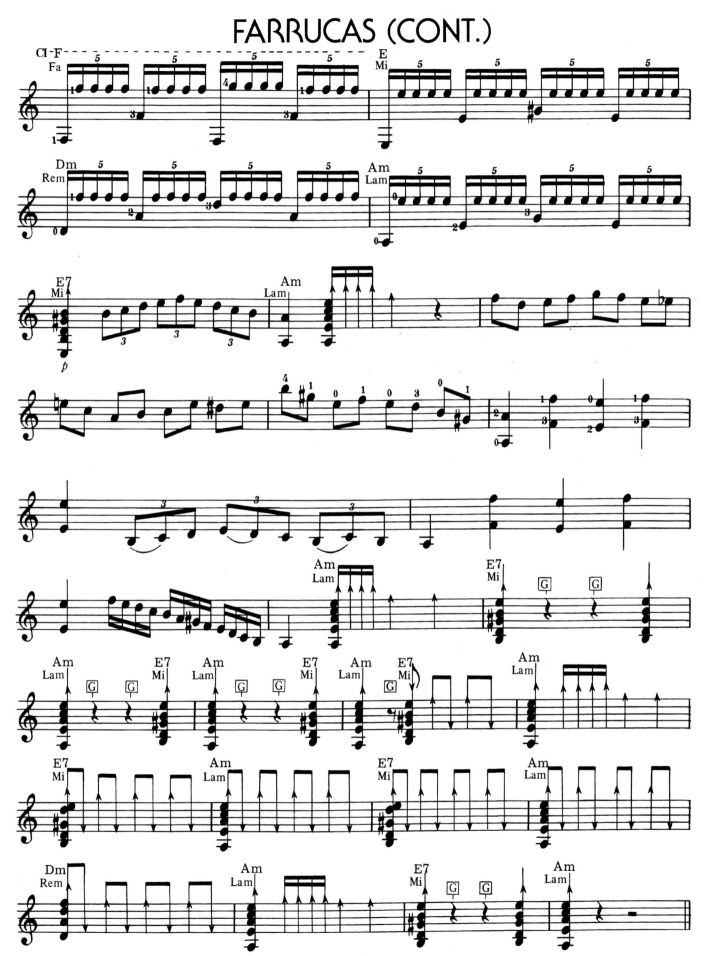

65

FARRUCAS

JUAN SERRANO

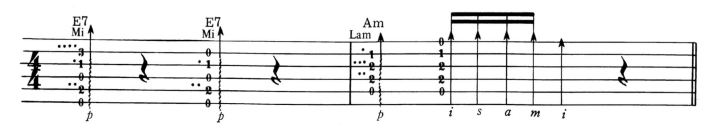

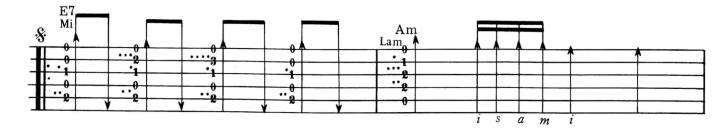

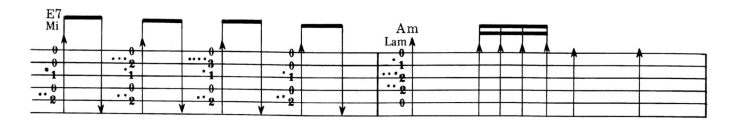

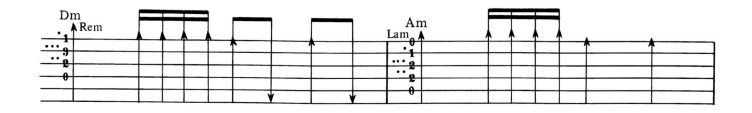

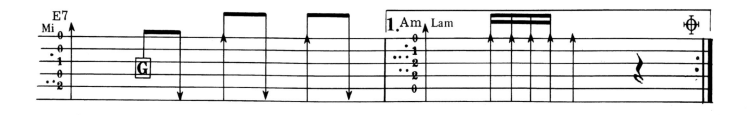

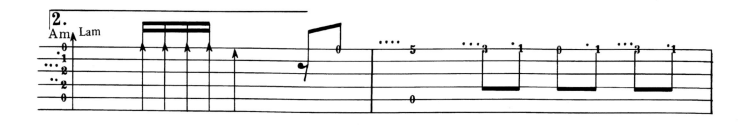

66

FARRUCAS (CONT.)

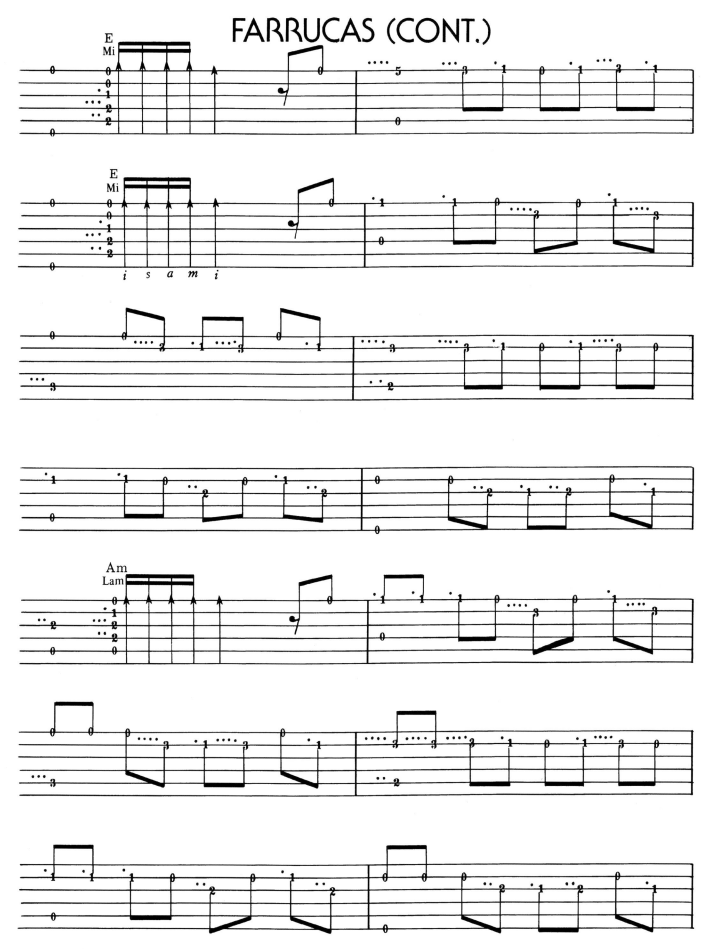

67

FARRUCAS (CONT.)

JUAN SERRANO

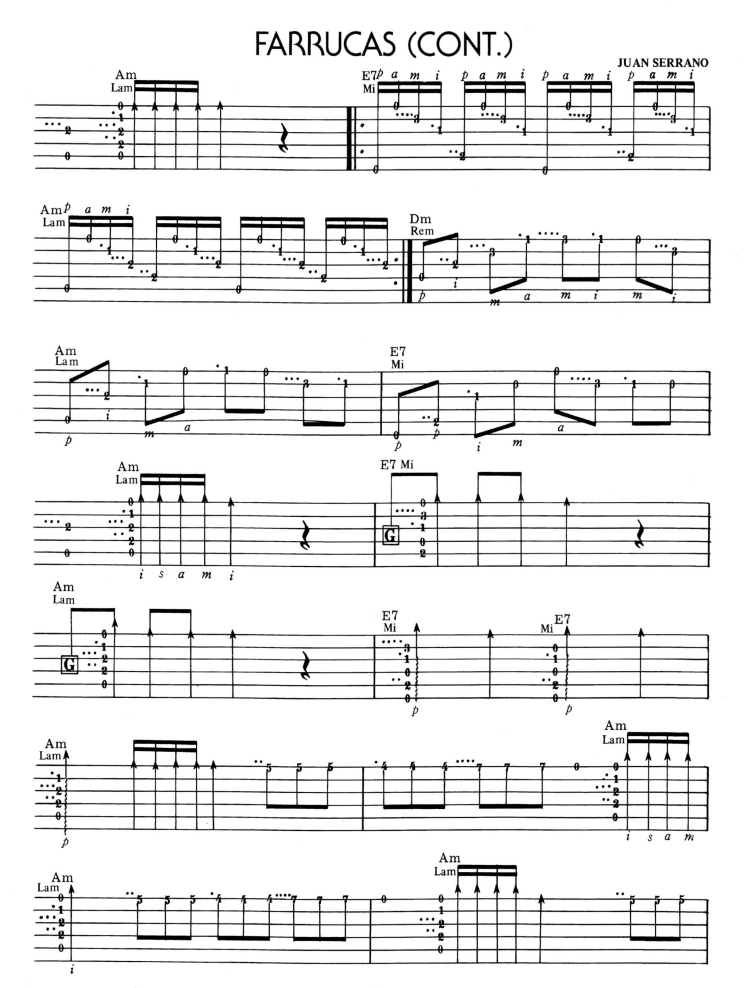

FARRUCAS (CONT.)

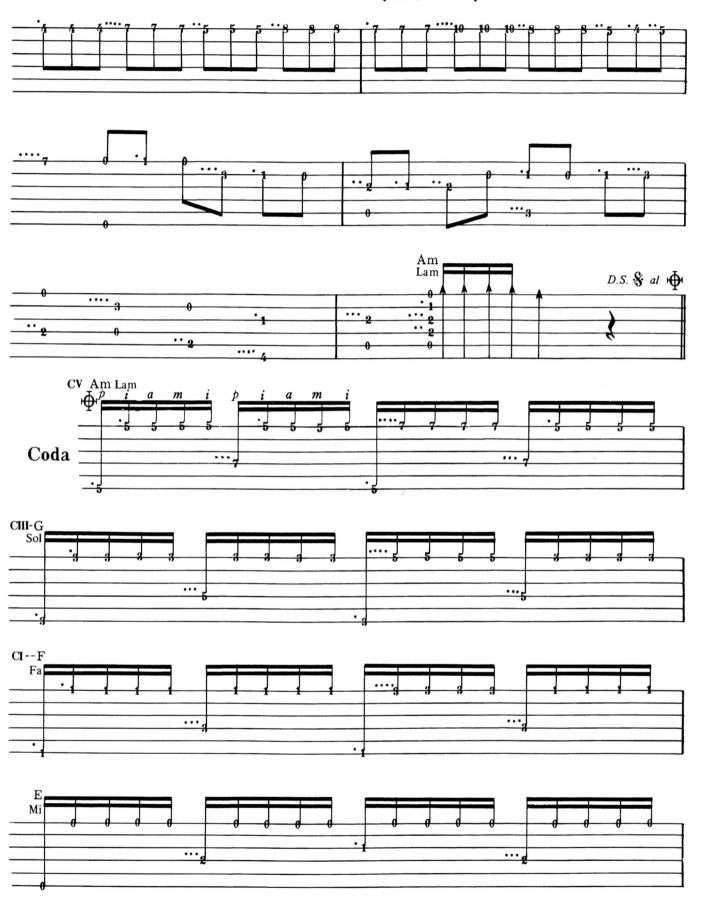

FARRUCAS (CONT.)

JUAN SERRANO

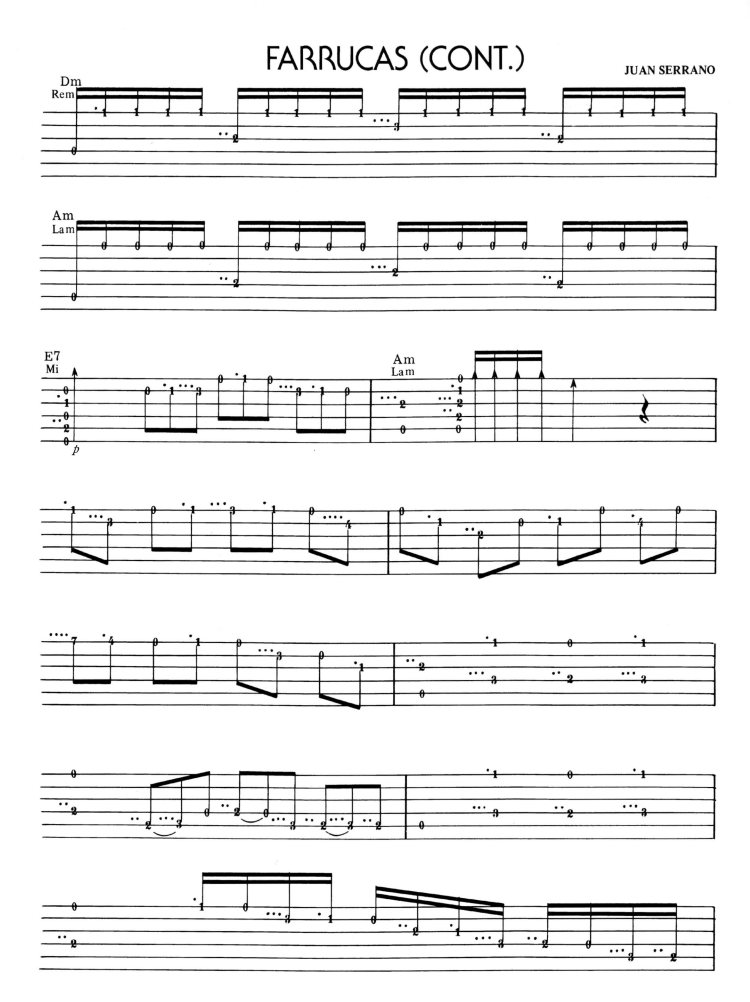

70

FARRUCAS (CONT.)

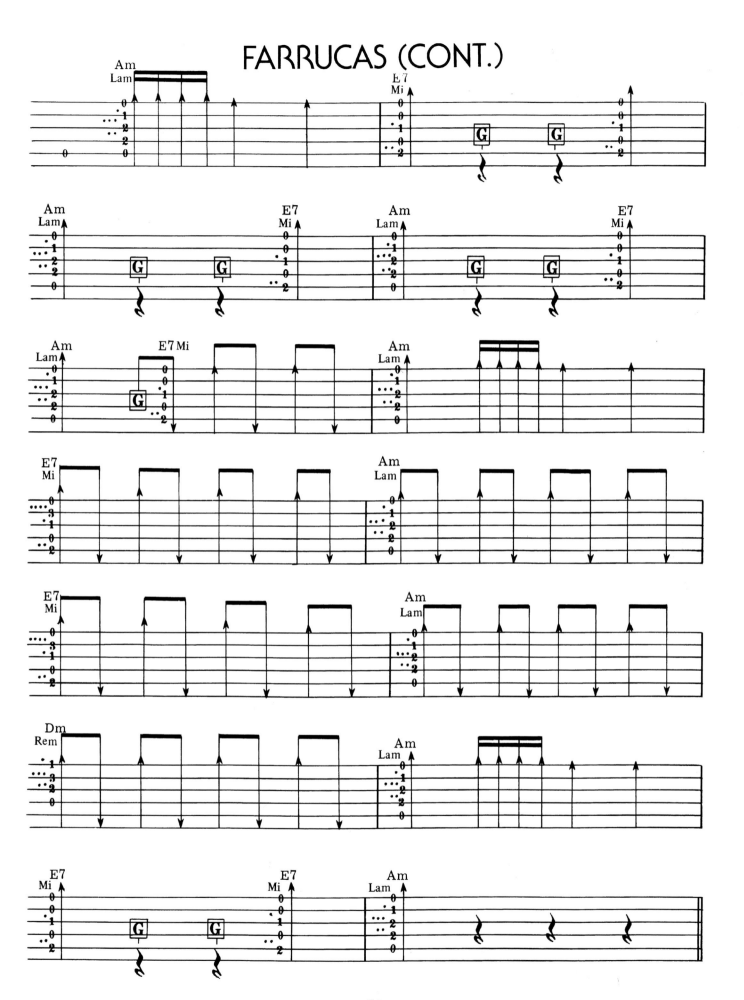

SOLEARES

The Soleares is one of the most prominent representatives of the flamenco repertoire.

The Soleares derives from the Jaleo, an ancient dance of the Province of Cádiz. It is related closely to primitive Moorish melodies. The Soleares originated from the songs that accompanied the Jaleo, through successive contacts with flamenco.

When the Soleares are sung, the words are arranged in three verses, each of eight syllables.

The name "Soleares" is derived from the Spanish word "soledad", which means to feel lonely, and it is known by the "aficionados" and experts as the mother of flamenco.

The Soleares are sung, danced or played as guitar solos.

They are in sections of 3/4 time, and a flamenco phrase consists of twelve beats, equivalent to four measures, each of three beats, with the accent on the 3rd, 6th, 8th, 10th, and 12th.

Example:

Las Soleares es una de las más representativas vertientes del actual repertorio flamenco.

Las Soleares proceden del Jaleo, una danza antigua de la provincia de Cádiz emparentada muy de cerca con los primitivos aires Moriscos. De los cantes que complementaban este baile surgieron por sucesivos contactos con el flamenco, los iniciales estilos de Soleares.

Cuando las Soleares se cantan, sus letras se componen de tres versos de ocho sílabas.

El nombre de Soleares es derivado de la palabra Española "soledad", que quiere decir sentirse solo, y es conocida por los aficionados y expertos como la Madre del Flamenco.

Las Soleares se cantan, se bailan y se tocan como solo de guitarra.

Se miden en 3/4 y una frase flamenca consiste en doce tiempos equivalentes a cuatro compases de tres tiempos, cada uno con acentos en 3o, 6o, 8o, 10o, y 12o.

Ejemplo:

     >   >   >   >   >

3/4 1 2 3 4 5 6 7 8 9 10 11 12

SOLEARES

JUAN SERRANO

73

SOLEARES (CONT.)

JUAN SERRANO

SOLEARES

JUAN SERRANO

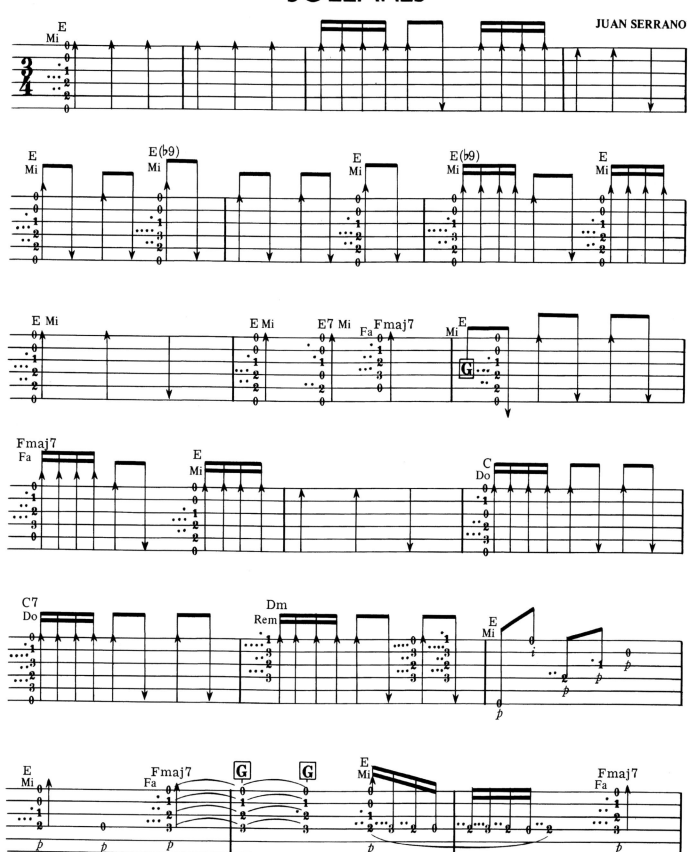

SOLEARES (CONT.)

JUAN SERRANO

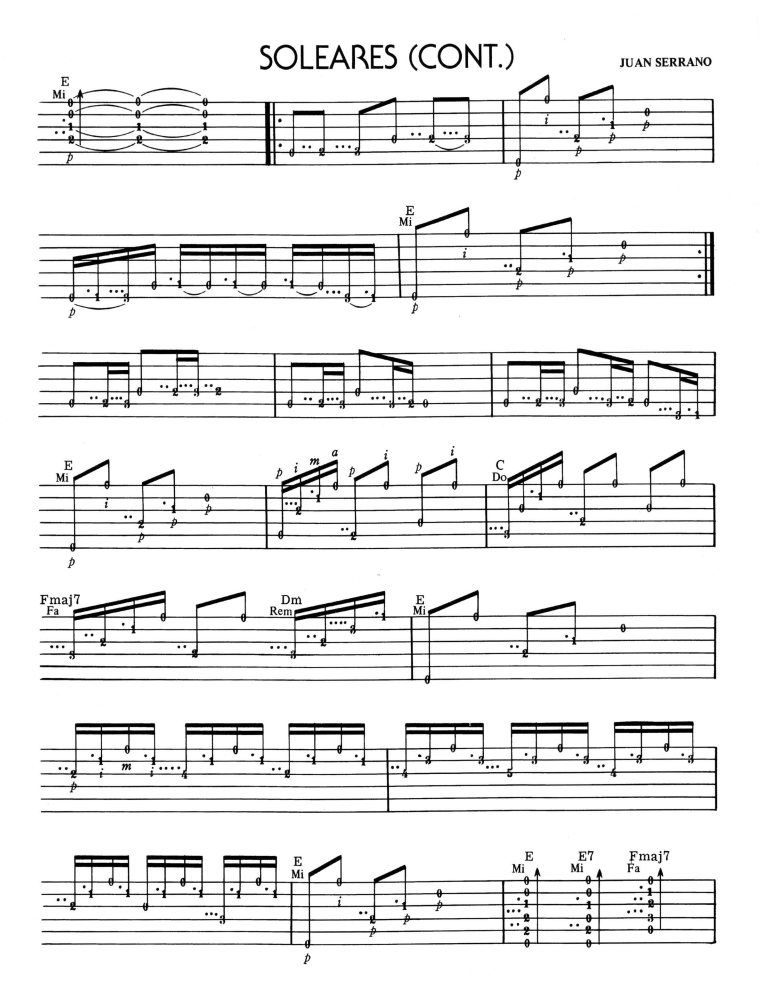

SOLEARES (CONT.)

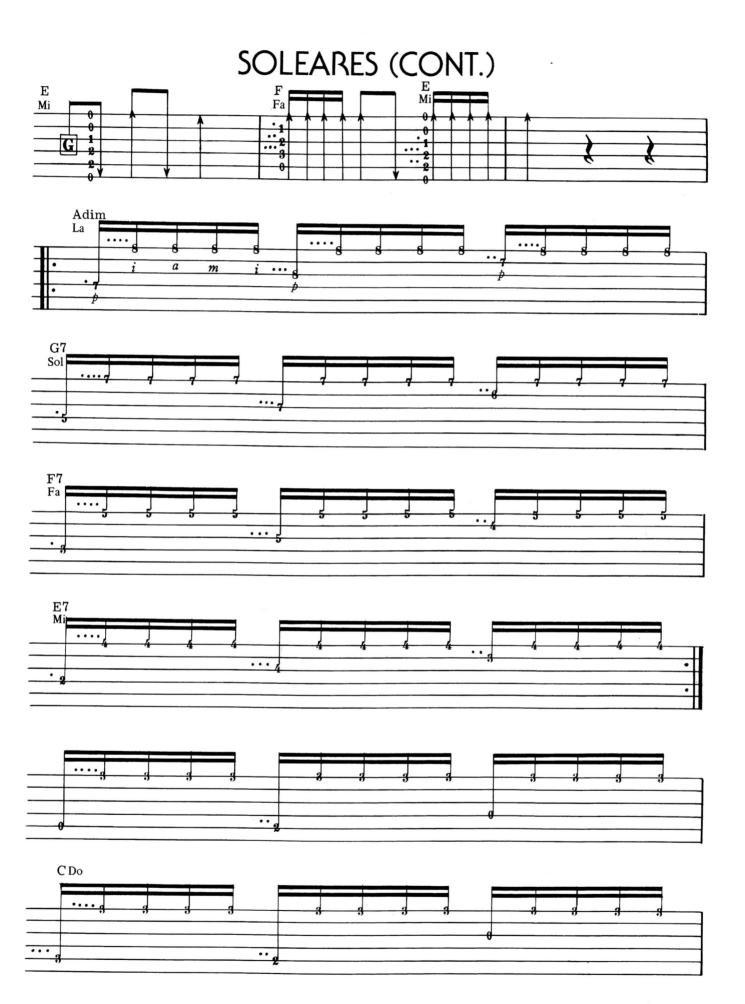

SOLEARES (CONT.)

JUAN SERRANO

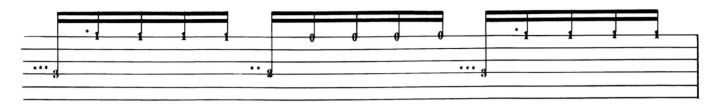

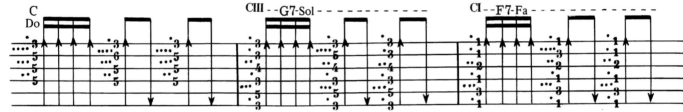

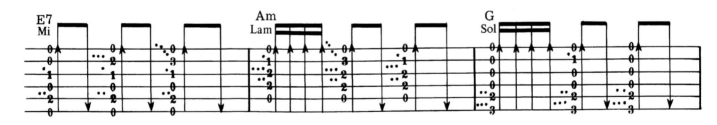

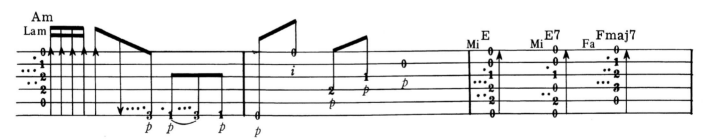

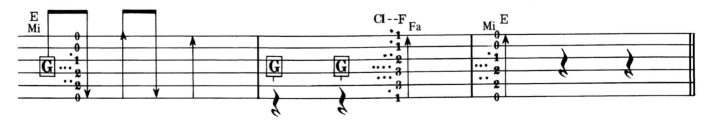

ALEGRIAS

The Alegrías evolve from the light and rhythmic Jota, which were sung in Cádiz around 1808.

Alegrías means "alborozo", party, exaltation; and all this is expressed in the interpretation of its music.

They are characterized by the richness of their beat, the difficulty in performing the dance, the exigence of their rhythm, and their liveliness and graceful music.

The rhythmic count and the accents of the Alegrías are identical to those of the Soleares, the difference being that the Alegrías are played faster and their tones are majors.

Las Alegrías derivan de una Jota ligera y rítmica, que se cantaba en Cádiz hacia el 1808.

Alegrías significa alborozo, fiesta, exaltación y todo eso se da en la interpretación de su música.

Se caracterizan por la riqueza de sus toques, lo difícil de su baile, la exigencia de su ritmo y la viveza y airosidad de su música.

La cuenta rítmica y los acentos de las Alegrías son idénticos a los de las Soleares con la diferencia de que las Alegrías se tocan más rápidas y sus tonos son mayores.

ALEGRIAS

JUAN SERRANO

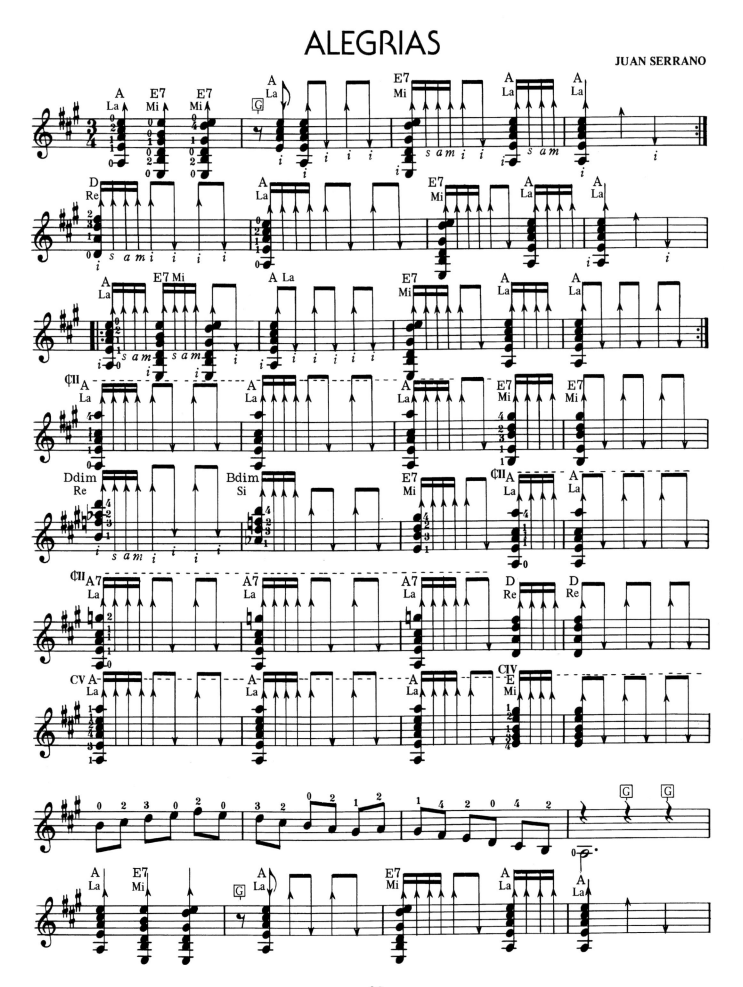

ALEGRIAS (CONT.)

JUAN SERRANO

ALEGRIAS

JUAN SERRANO

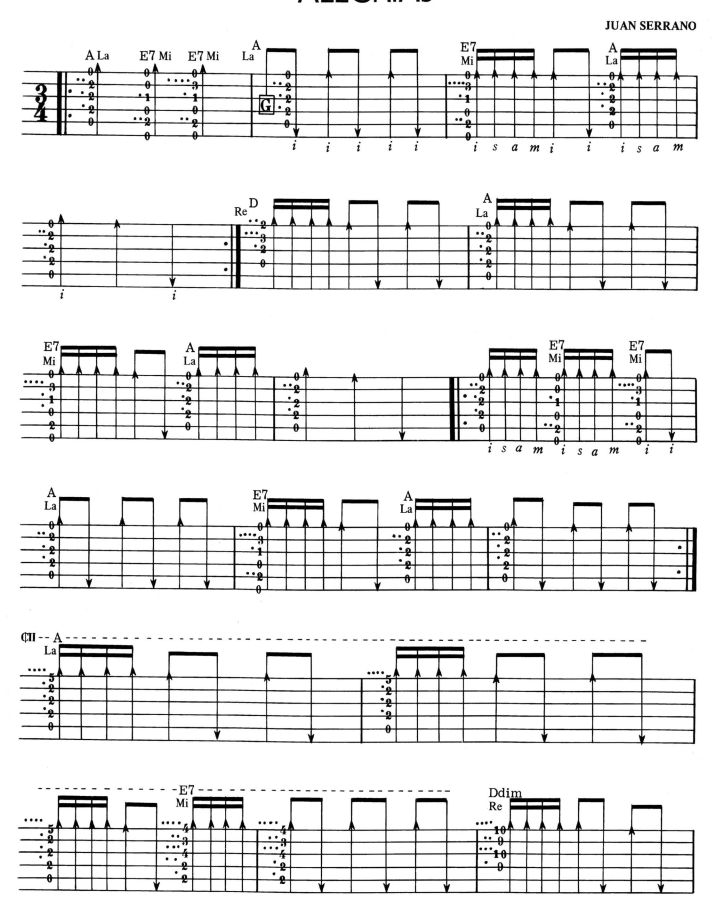

82

ALEGRIAS (CONT.)

JUAN SERRANO

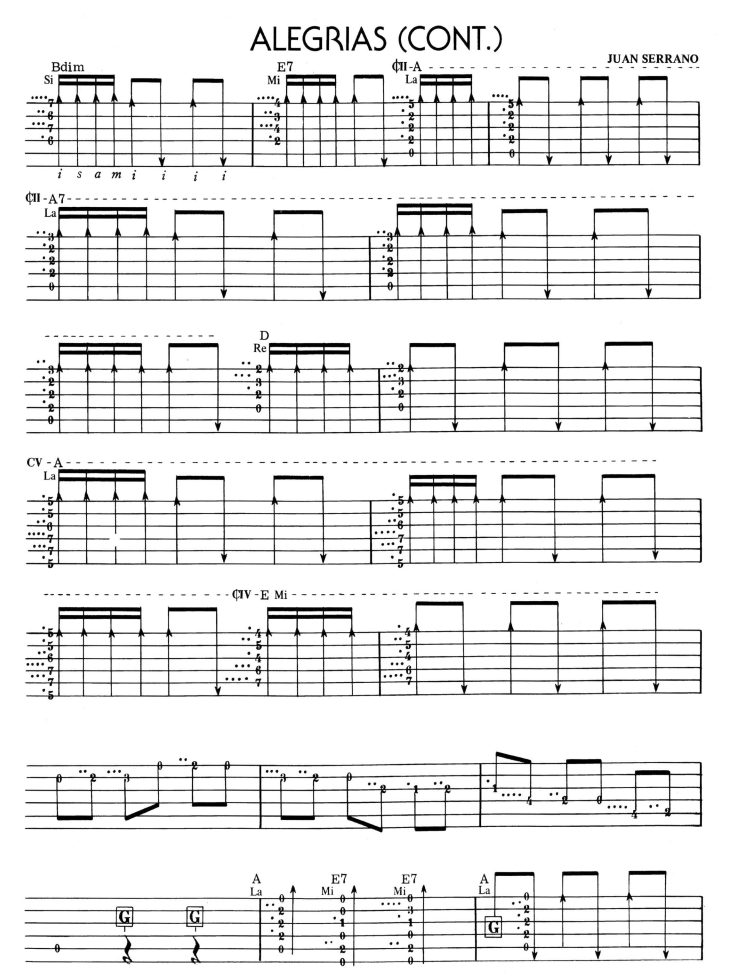

83

ALEGRIAS (CONT.)

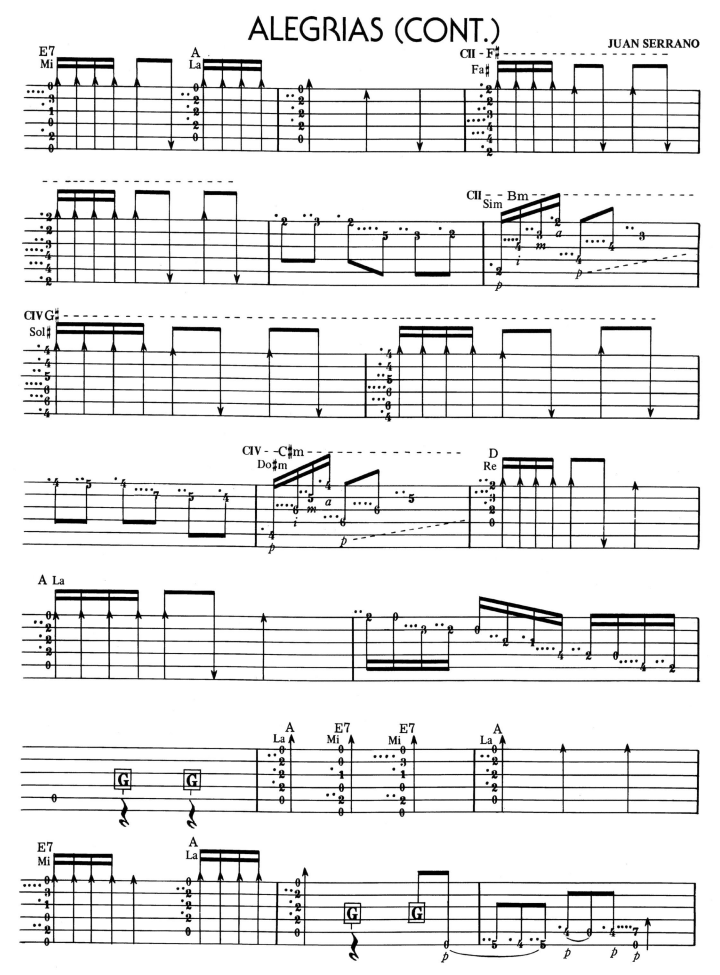

ALEGRIAS CIV

JUAN SERRANO

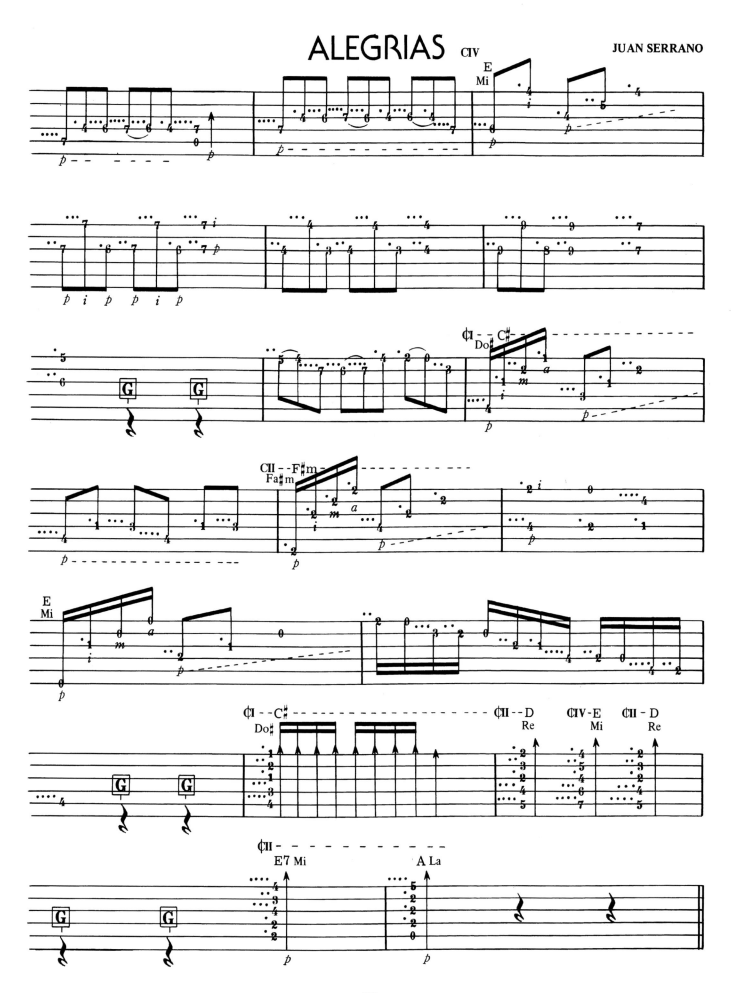

85

ALEGRIAS—PARA BAILE

The Alegrías de baile are composed of different passages. Their name and order is as follows:

"llamada, salida, desplante, falseta, paseo, escobilla, ida, and bulerías."

In order for the student to achieve a better understanding of the music he is about to interpret, I believe it convenient to explain the name and meaning of each passage.

Llamada—in order to pass from one phrase to another, or to diminish or increase the speed, the dancer gives the signal to the guitarist by means of this call.

Salida—means the moment in which the dancer starts to dance.

Desplante—At this moment the dancers change the rhythmic accents and produce a series of "contratiempos", followed by improvisations according to the physical abilities and rhythms of the performers and ending in an elegant posture, thus giving them time to prepare for the following passage.

Las Alegrías de baile se componen de diferentes pasajes. Cada uno de ellos es conocido por su nombre en el orden que sigue:

llamada, salida, desplante, falseta, paseo, escobilla, ida y bulerías.

Para que los estudiantes tengan un mayor conocimiento de lo que interpretan, he creído conveniente el darles una explicación de cada nombre y lo que significa.

Llamada—Para pasar de una frase a otra o para disminuir o aumentar la velocidad, el bailaor o bailaora le dan la señal al guitarrista por medio de una llamada.

Salida—Quiere decir el momento en que los bailaores inician el baile.

Desplante—En este momento los bailaores cambian los acentos rítmicos y producen una serie de contratiempos, seguidos de improvisaciones según las facultades físicas y rítmicas del ejecutante para finalizar en una elegante postura, la cual les da tiempo a prepararse para el pasaje siguiente.

ALEGRIAS—PARA BAILE (CONT.)

Falseta—This is a demonstration of the art work of the arms. At this time the music is very slow, allowing the performers the time to exhibit their figures and make compositions with their arms.

Paseo—This means to stroll. The dancers stroll from one side to another, injecting a lot of arrogance into their movements without losing the rhythmic lines.

Escobilla—This could be labeled "zapateado". The dancers display their ability and good taste during the development of this technique.

Ida—This means to take leave. The dancers leave the "alegrías" and enter into the "bulerías". It is called "ida" because it signifies the change from one rhythm to another.

Bulerías—Traditionally, the "alegrías" end in "bulerías". Since it is a faster rhythm, it produces a more spectacular "finale".

Note
The student will find the name of each passage when it is to be started.

Falseta—Es la demostración del arte de los brazos. En este momento la música es muy lenta y les da tiempo a exibir la figura y hacer composiciones con los brazos.

Paseo—Esto significa pasear. Los bailaores pasean de un lado para otro, poniendo mucha arrogancia en sus movimientos y sin perder la linea rítmica.

Escobilla—Quiere decir zapateado. Los bailaores hacen una demostración de sus facultades y buen gusto durante el desarrollo de esta técnica.

Ida—El sentido de la palabra es despedida y se refiere a que los bailaores se despiden del ritmo de las alegrías para entrar en el de las bulerías. Se le llama Ida al pasaje musical que define el cambio de un ritmo a otro.

Bulerías—Es de tradición que las alegrías de baile terminen por bulerías. Ya que al ser un ritmo más rápido produce un final más espectacular.

Nota
El estudiante encontrará el nombre de cada pasaje en el momento que se inicia.

ALEGRIAS—PARA BAILE

JUAN SERRANO

ALEGRIAS—PARA BAILE (CONT.)

JUAN SERRANO

ALEGRIAS—PARA BAILE (CONT.)

ALEGRIAS—PARA BAILE (CONT.)

JUAN SERRANO

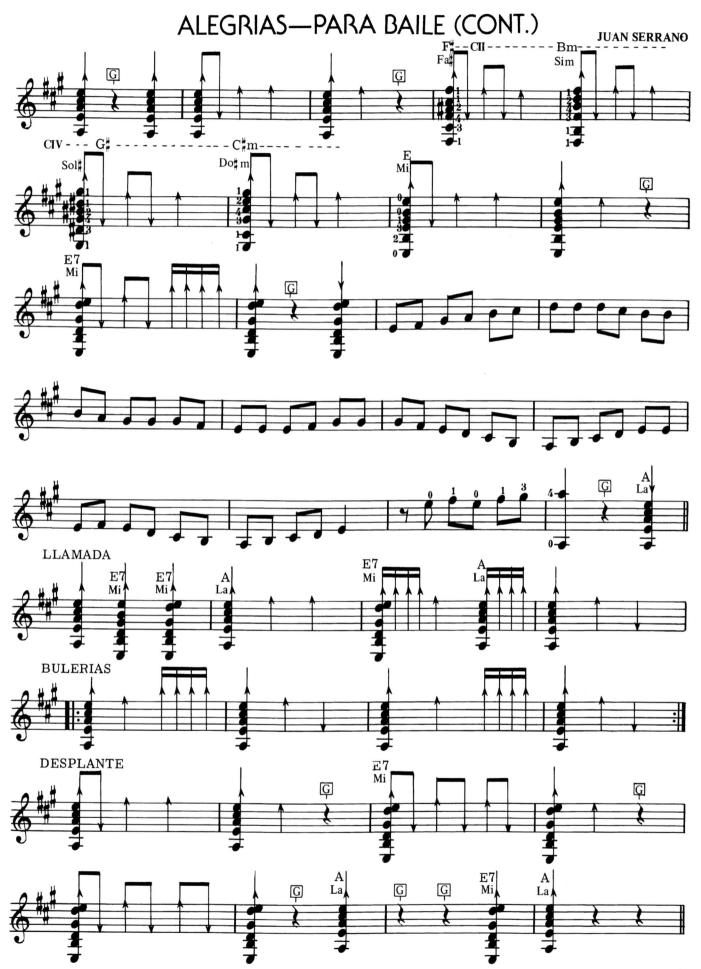

ALEGRIAS—PARA BAILE

JUAN SERRANO

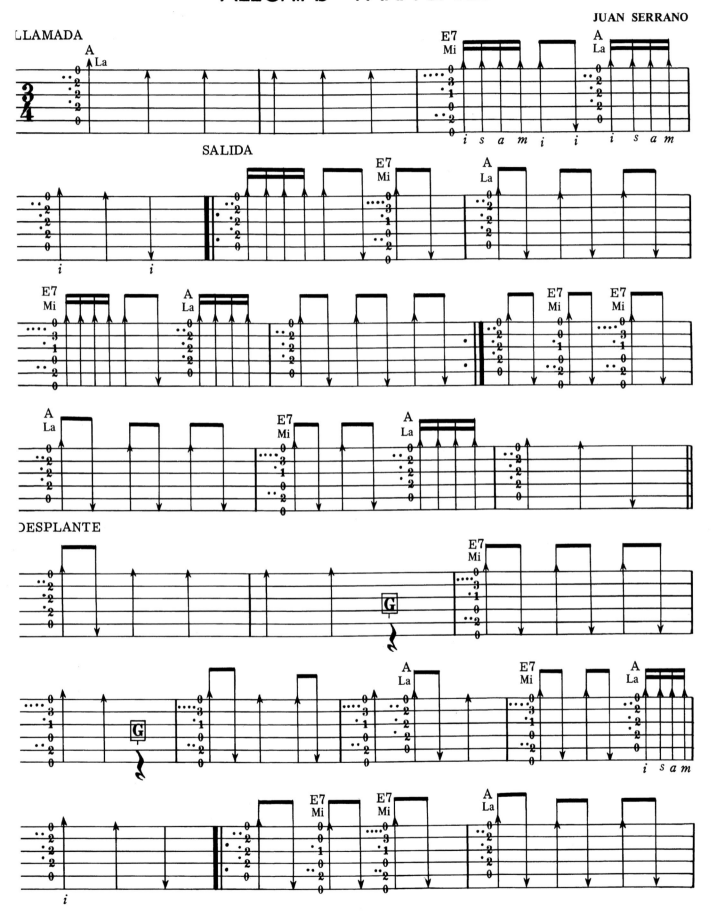

ALEGRIAS—PARA BAILE (CONT.)

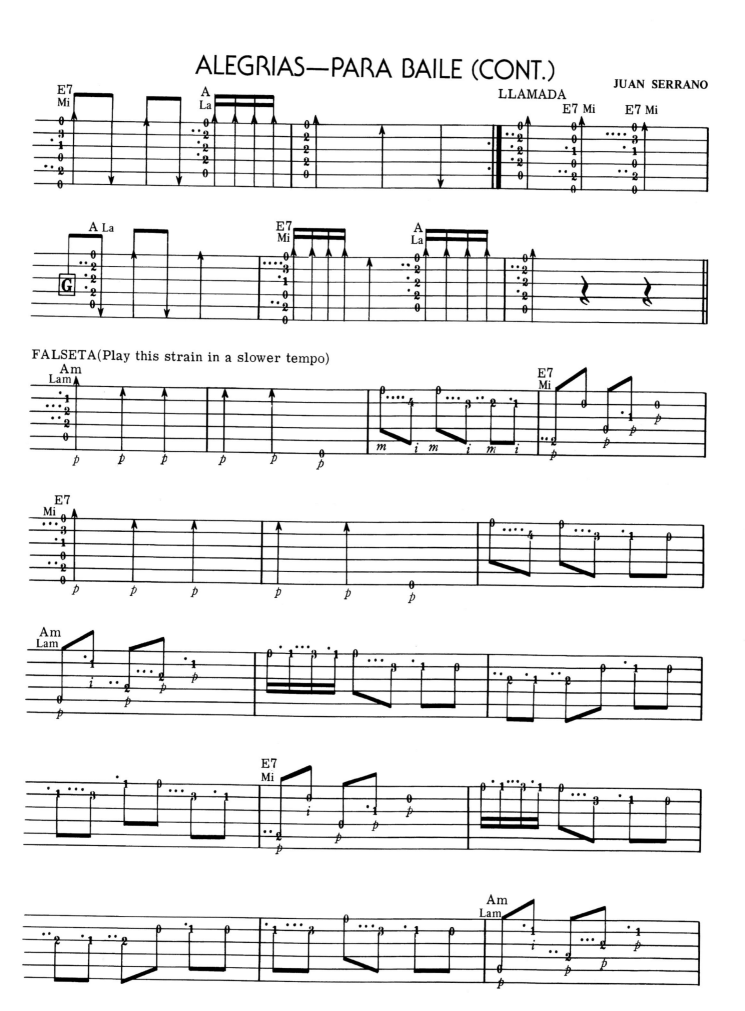

FALSETA(Play this strain in a slower tempo)

ALEGRIAS—PARA BAILE (CONT.)

JUAN SERRANO

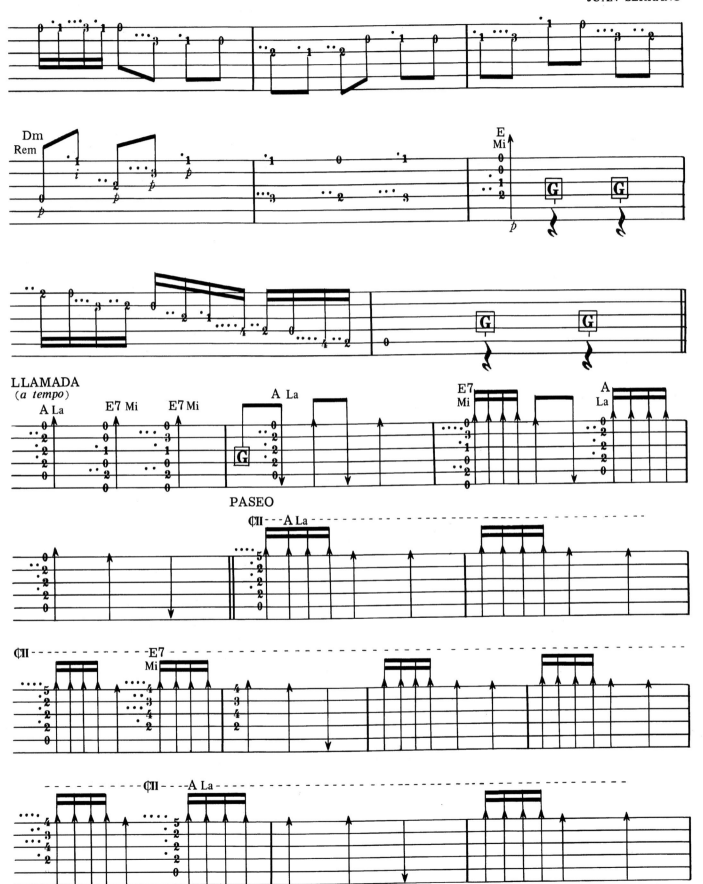

ALEGRIAS—PARA BAILE (CONT.)

JUAN SERRANO

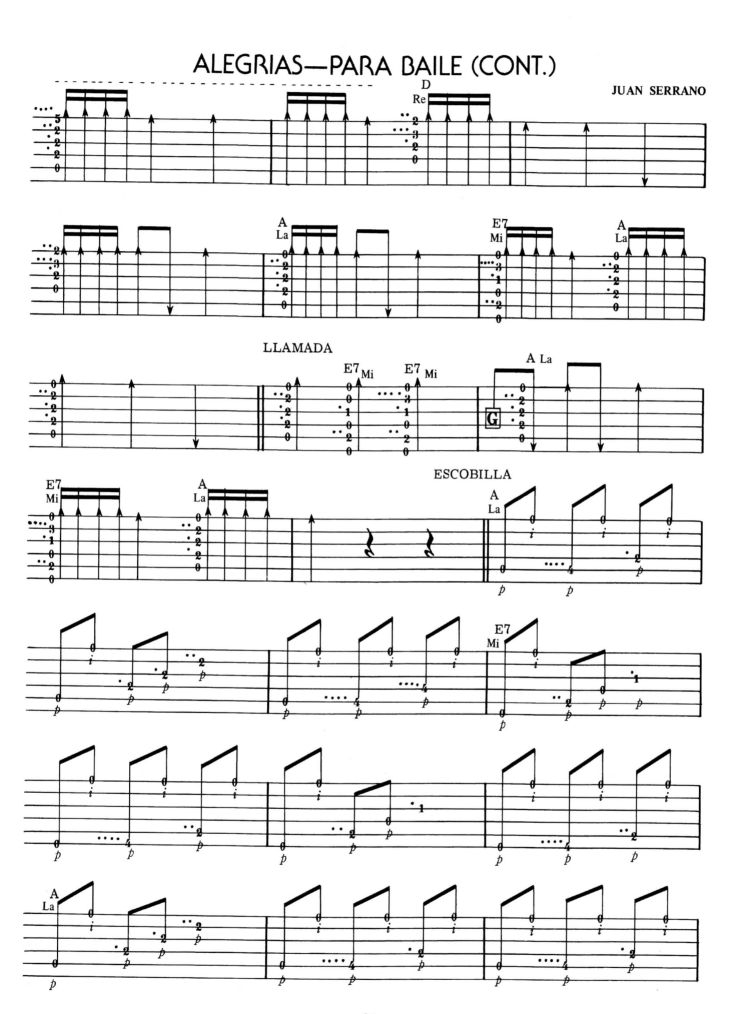

95

ALEGRIAS—PARA BAILE (CONT.)

JUAN SERRANO

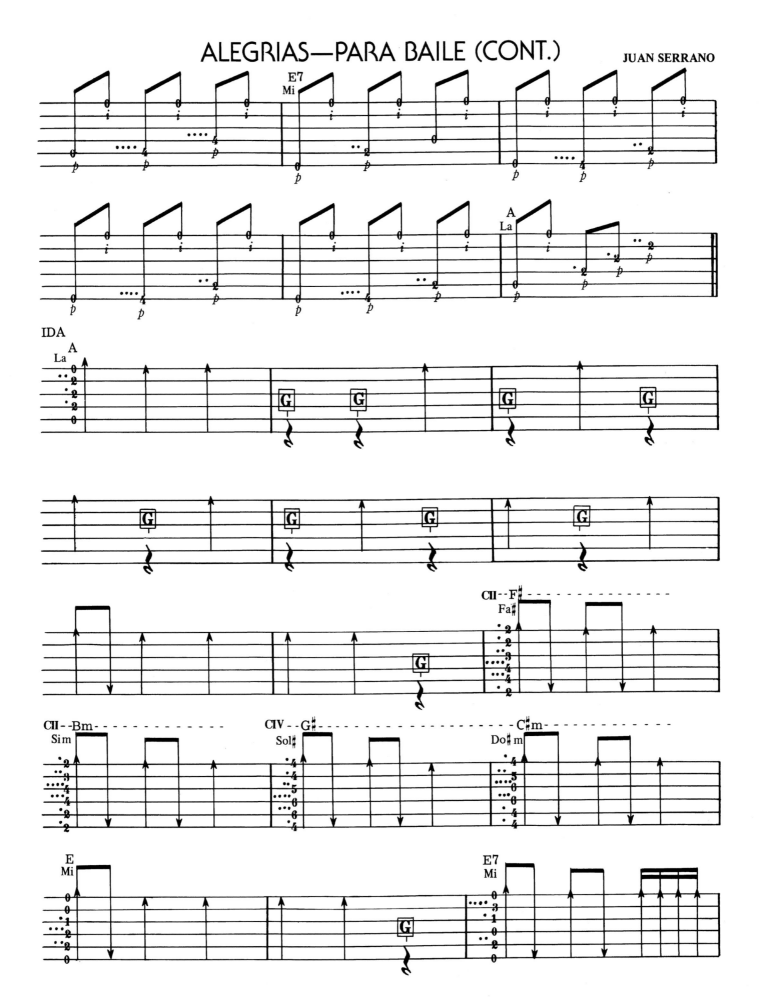

ALEGRIAS—PARA BAILE (CONT.)

JUAN SERRANO

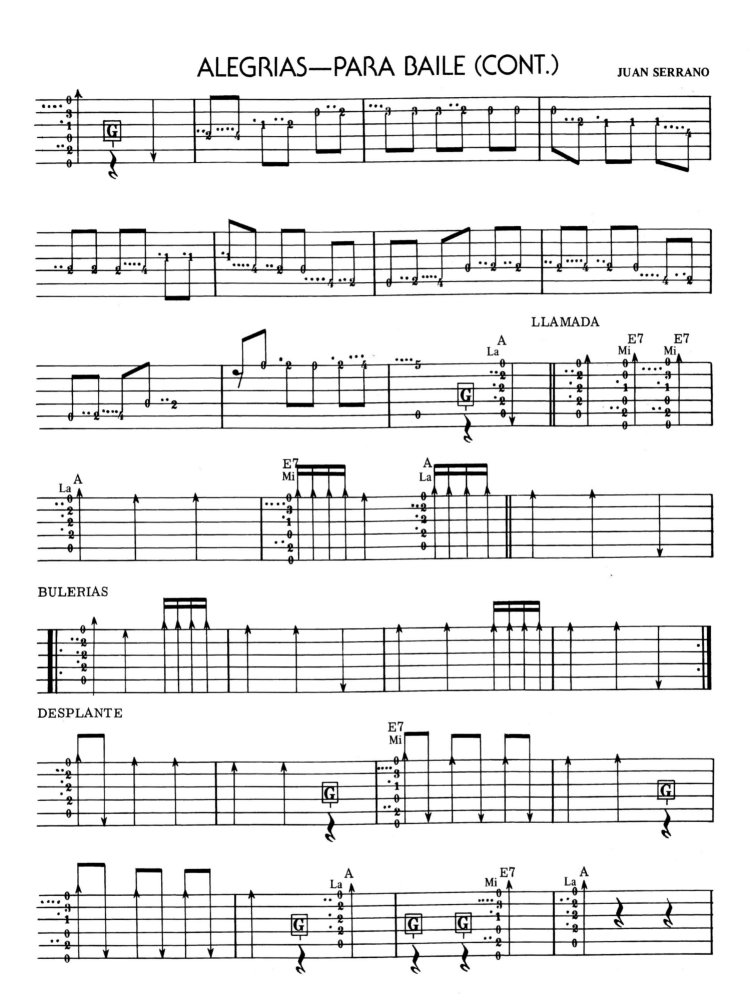

FANDANGOS DE HUELVA

The Fandangos were born from some of the elements of the Spanish Classical dance. The initial objective was to accompany the dance. Its different forms were adapted to the character of each different place.

Most of the regions have their own Fandangos, created according to their own taste and flamenco influences.

The most characteristic is the Fandango of Huelva, a combination of flamenco forms belonging to the region of Andalucía.

Los Fandangos nacieron de algunos elementos del baile clásico español. Su inicial objetivo fue èl de acompañar al baile. Sus diferentes estilos fueron adaptándose al carácter de cada lugar.

La mayoría de las regiones tienen su propio Fandango creado según sus gustos e influjos flamencos.

El más característico es el Fandango de Huelva, un conjunto de modalidades flamencas propias de esta región Andaluza.

FANDANGOS—DE—HUELVA

JUAN SERRANO

FANDANGOS—DE-HUELVA (CONT.)

JUAN SERRANO

FANDANGOS—DE-HUELVA (CONT.)

JUAN SERRANO

FANDANGOS—DE-HUELVA

JUAN SERRANO

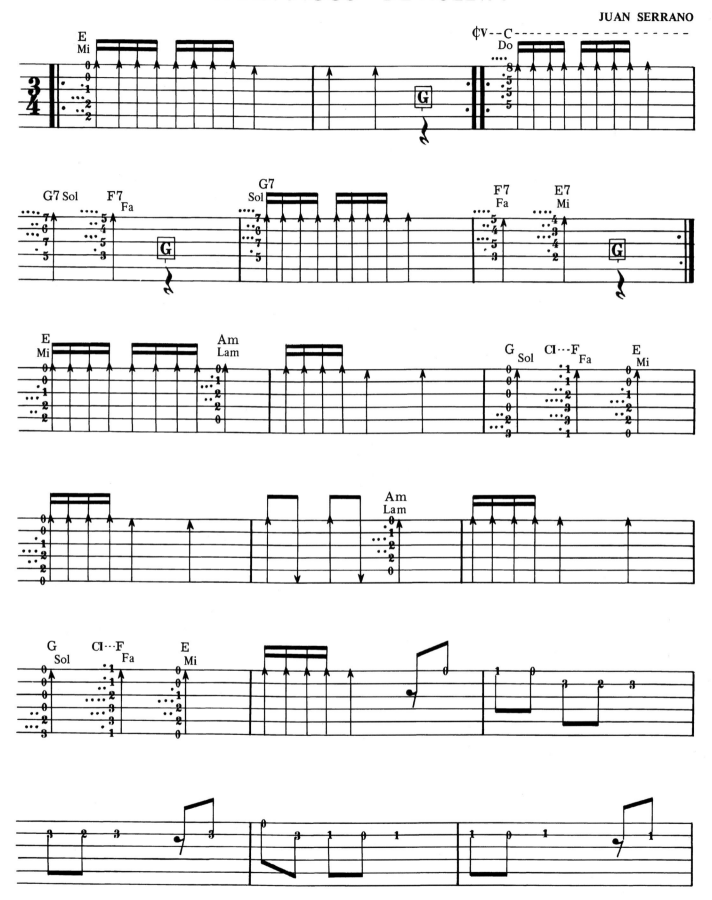

FANDANGOS—DE-HUELVA (CONT.)

JUAN SERRANO

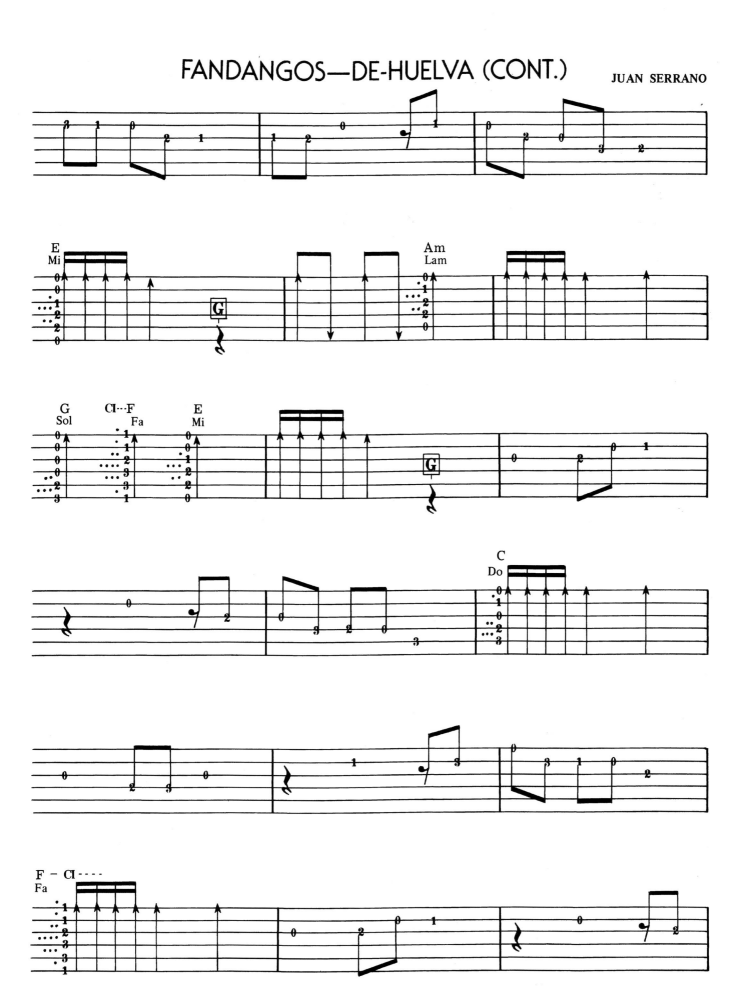

FANDANGOS—DE-HUELVA (CONT.)

JUAN SERRANO

104

FANDANGOS—DE-HUELVA (CONT.)

JUAN SERRANO

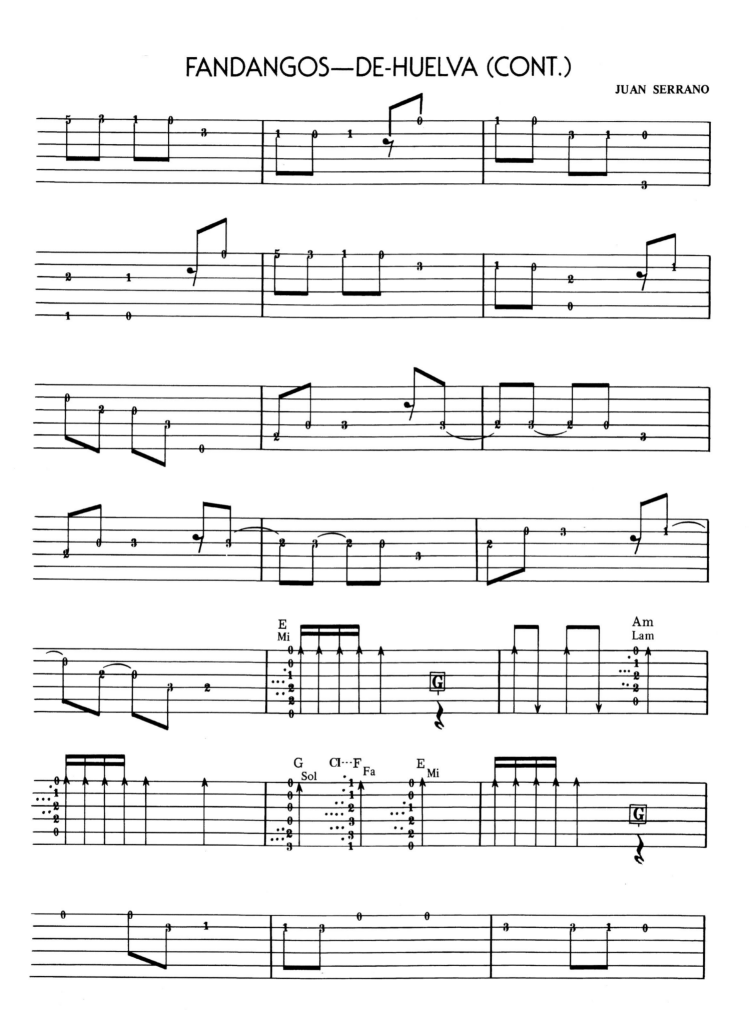

FANDANGOS—DE-HUELVA (CONT.)

JUAN SERRANO

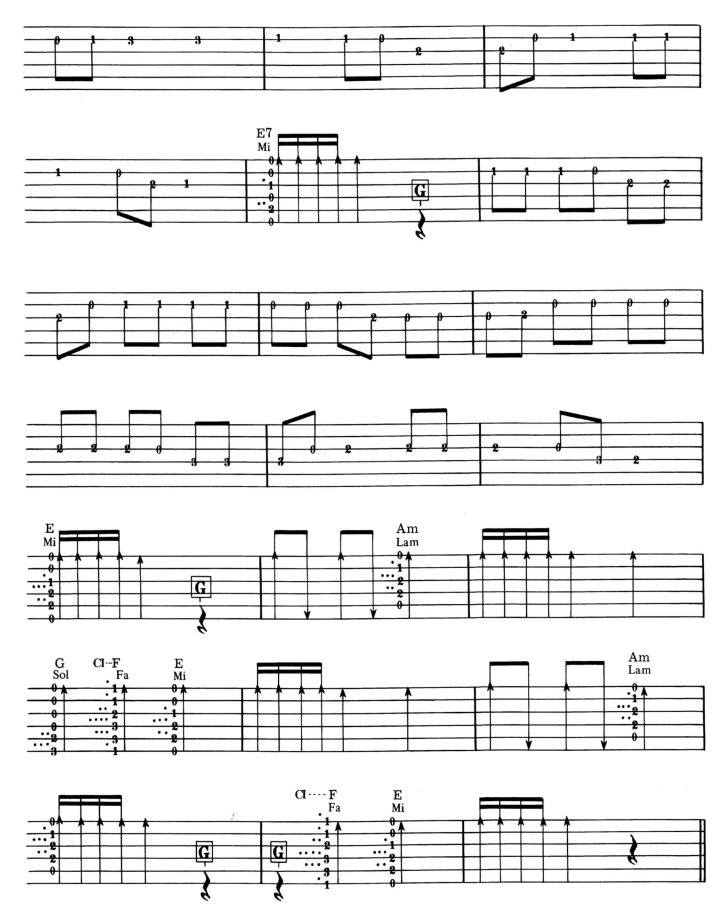

106

RUMBA FLAMENCA

The Rumba is a popular Cuban dance recently incorporated into flamenco by the gypsies.

Its time is 4/4, and the accents are conditioned to the rhythmic requirements of the dance.

The third beat of each rhythmic measure is marked with the symbol Ⓣ, and is played by crossing the right hand over the six strings at the lower end of the fingerboard to mute the sound of the preceding measure, and the tips of the fingers produce a soft stroke on the sounding board of the guitar. (Illustr.)

This technique gives the rhythm of the Rumba the vivacious expression that characterizes it.

Note
It is important for the development of the rhythm of the Rumba that it be practiced slowly.

La Rumba es un baile popular originario de Cuba e incorporado modernamente al flamenco por los gitanos.

Su medida es de 4/4 y sus acentos están acondicionados a las exigencias rítmicas del baile.

El tercer tiempo de cada compás rítmico está marcado con el símbolo Ⓣ y se toca atravesando la mano derecha sobre las seis cuerdas en la parte final del diapasón para apagar el sonido del tiempo anterior y que las puntas de los dedos den un pequeño golpe en la tapa. (Illustr.)

Esta técnica le da al rítmo de la rumba la expresión alegre que la caracteriza.

Nota
Es muy importante para el desarrollo técnico del ritmo de la rumba que se practique muy despacio.

TEMPESTAD (RUMBA)

JUAN SERRANO

108

TEMPESTAD (RUMBA) (CONT.)

JUAN SERRANO

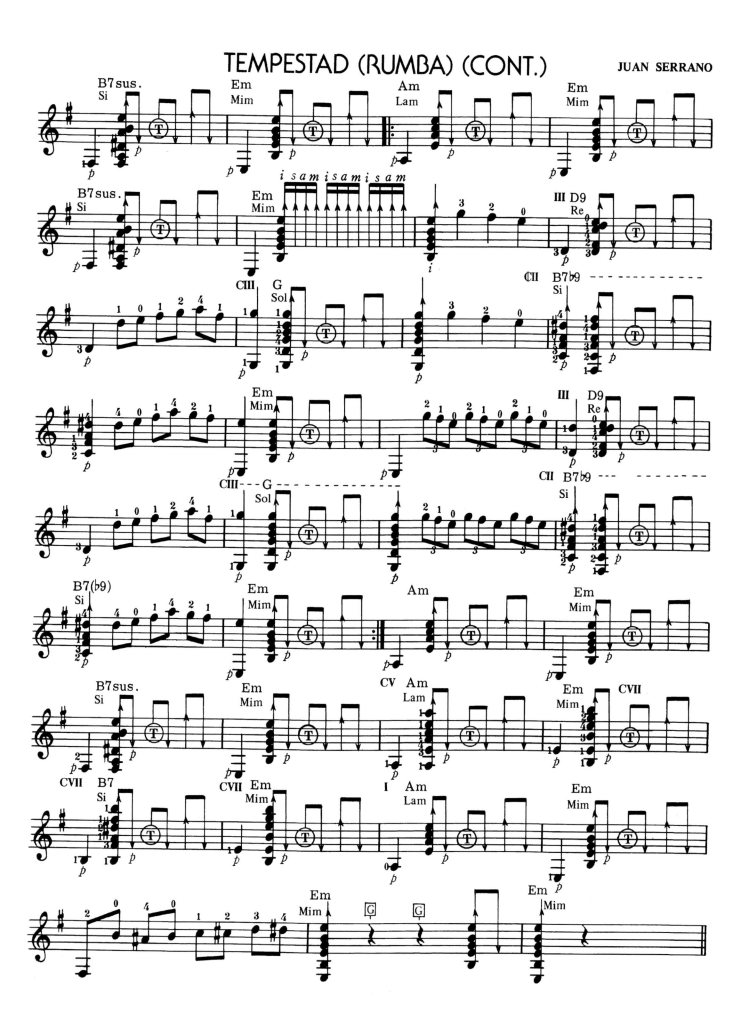

109

TEMPESTAD (RUMBA)

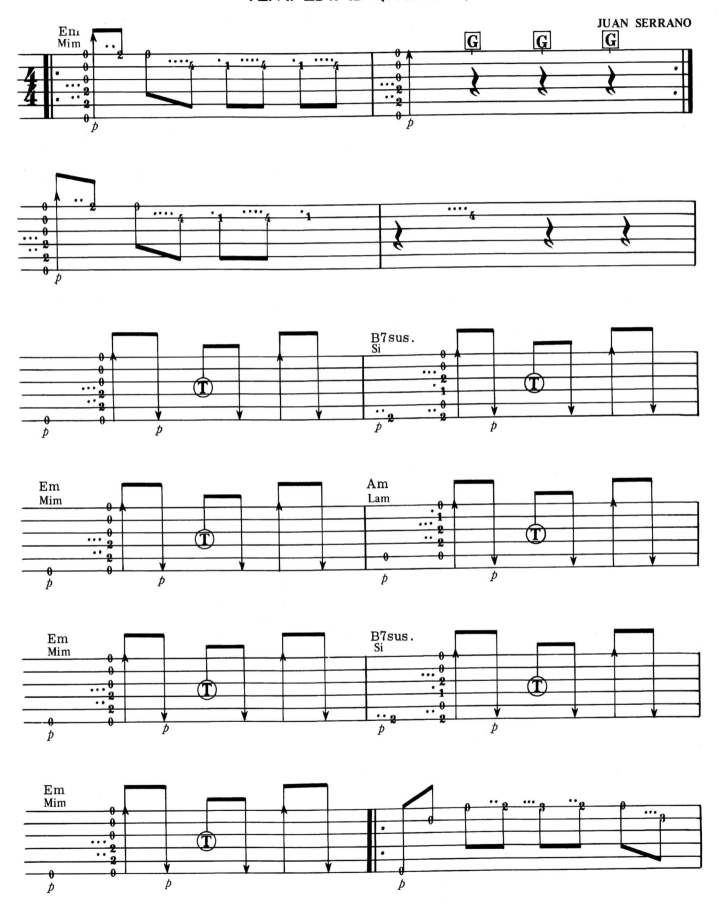

110

TEMPESTAD (RUMBA) (CONT.)

JUAN SERRANO

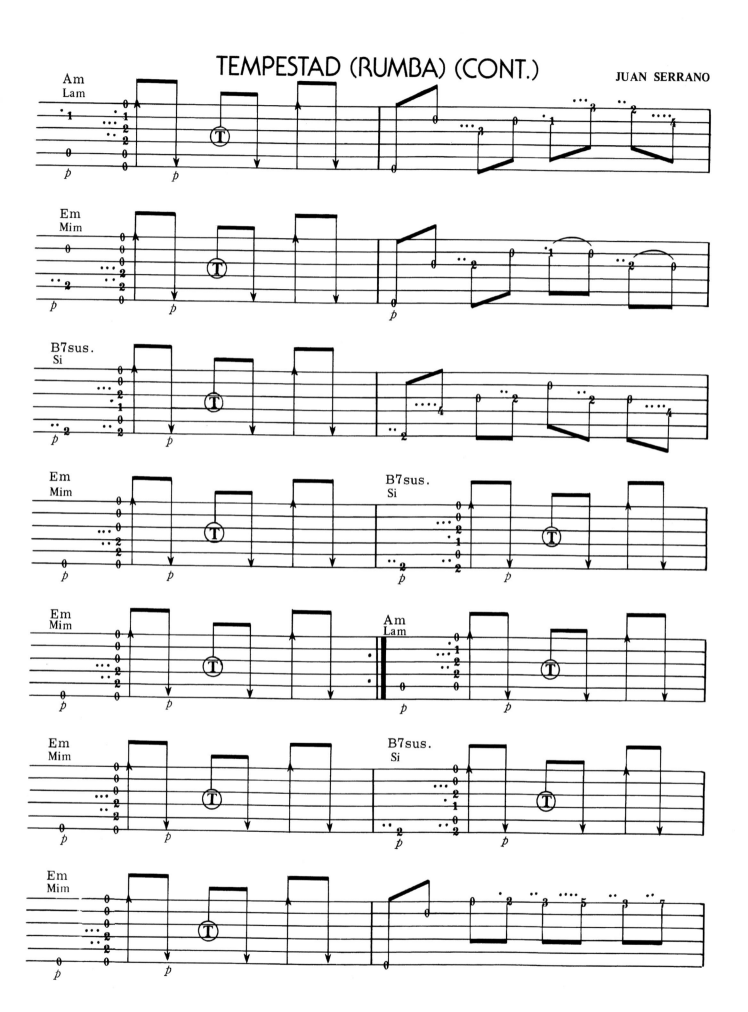

TEMPESTAD (RUMBA) (CONT.)

JUAN SERRANO

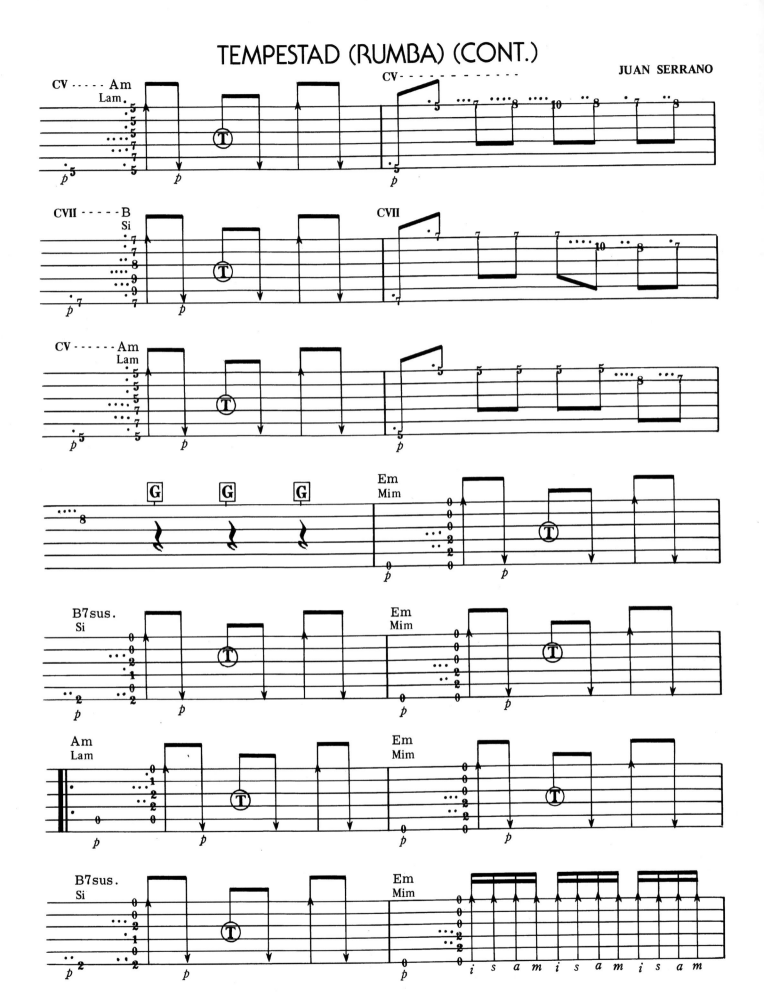

112

TEMPESTAD (RUMBA) (CONT.)

JUAN SERRANO

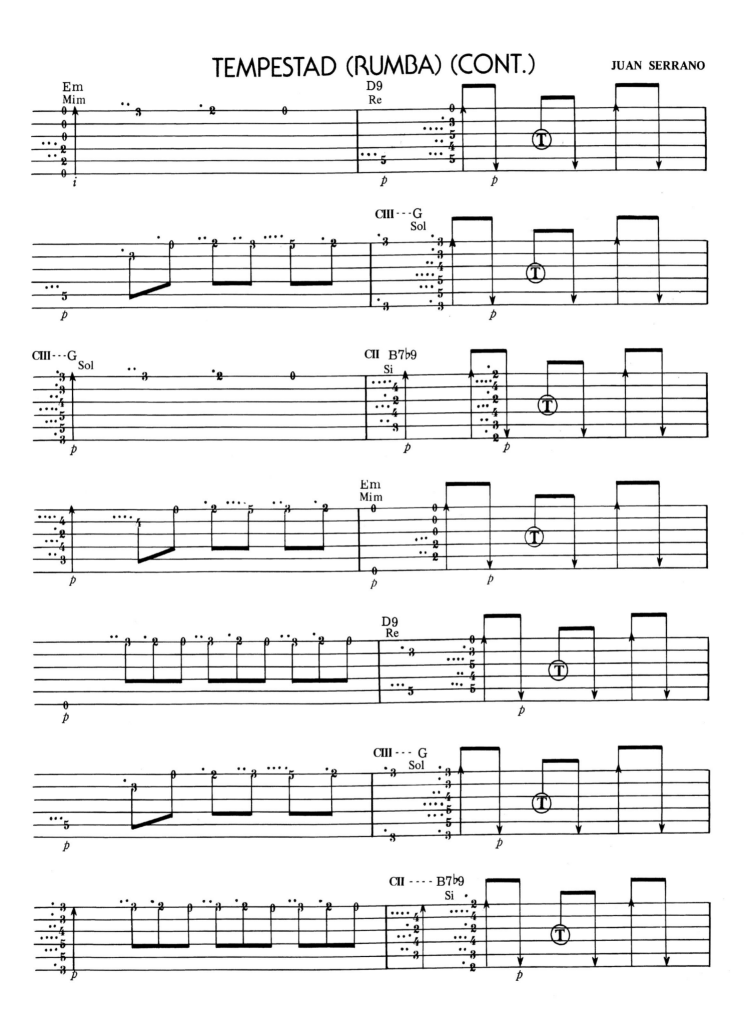

113

TEMPESTAD (CONT.)

JUAN SERRANO

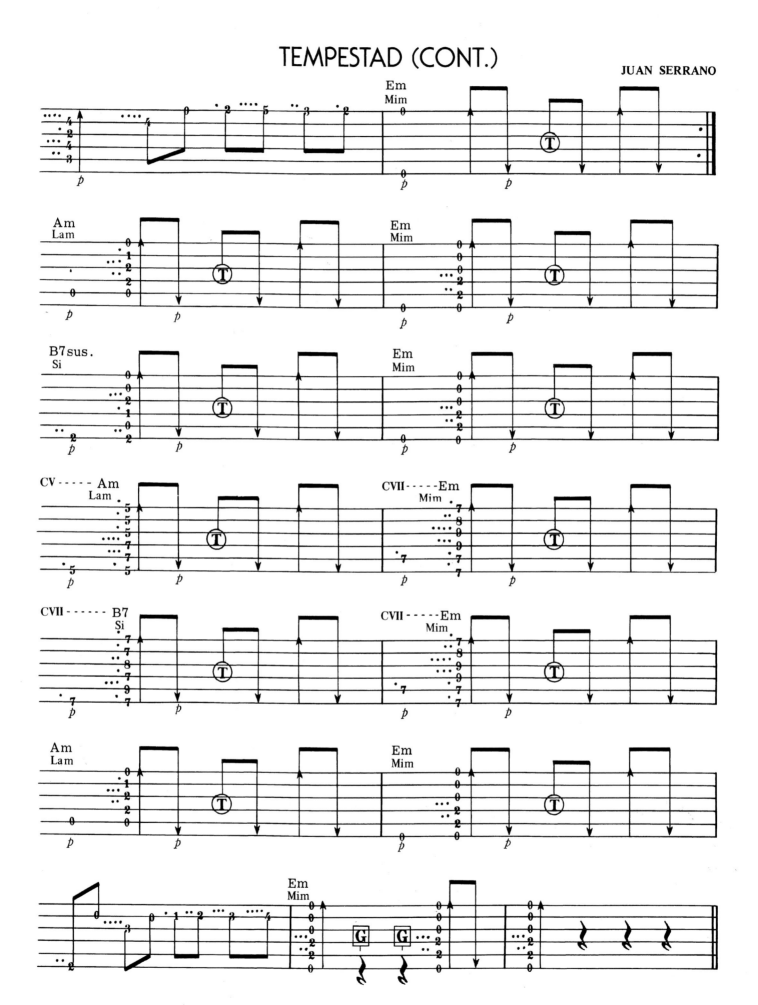

114

BULERIAS

The Bulerías are the most characteristic form of the flamenco. Their expressive forms admit the most varied influence.

They originated from a type of popular song and were incorporated during the last century into the repertoire of Andalucian dances. Their name seems to be derived from the word "mockery", which means deceits or jokes, a quality which identifies itself with their most peculiar expressive character.

The Bulerías may be classified in three groups:

Bulerías to be sung—They distinguish themselves because their rhythm demands pauses, very similar to those of the Soleares.

Bulerías to be danced—These are subject to a lively and rigorous rhythm, accented in accordance with the manner in which it is designated by the dancer.

Las Bulerías son la forma más característica del flamenco. Sus moldes expresivos admiten las más varias influencias.

Proceden de un tipo de canción popular incorporada el Siglo pasado al repertorio de los bailes Andaluces. Su nombre parece venir de la palabra burlerías, que quiere decir engaños o bromas; condición que se identifica con su más peculiar carácter expresivo.

Las Bulerías se pueden clasificar en tres grupos:

Bulerías para cantar—Se caracterizan porque su ritmo exige pausas muy parecidas a las de las Soleares.

Bulerías para bailar—Estas están sujetas a un vivo y riguroso ritmo, acentuado de acuerdo a como lo marque el que esté bailando.

BULERIAS (CONT.)

Bulerías for guitar solos—In these, the guitarist has all the freedom of interpretation and improvisation, and he can play them more or less fast in accordance with his taste and technical qualities. Its measure is in 3/4 time, but in accordance with the rules of flamenco, it is measured in twelve beats. Therefore, a flamenco phrase is equivalent to four beats in 3/4 time.

Note

The student will be able to distinguish the different accents between the composition of the Bulerías for guitar solos, and the "final por bulerías", of the "alegrías de baile". These last ones are only and exclusively to mark the accents of the dance.

Bulerías para solo de guitarra—En éstas, el guitarrista tiene toda la libertad de interpretación e improvisación y las puede tocar más o menos rápidas de acuerdo con su gusto y sus cualidades técnicas. Su medida es de 3/4, pero de acuerdo a las reglas del flamenco se miden en doce tiempos. Por lo tanto una frase flamenca equivale a cuatro compases de 3/4.

Nota

El estudiante podrá comprobar las diferencias de acentos entre la composición de Bulerías para solo de guitarra y el final por Bulerías de las Alegrias de baile. Estas últimas son sólo y exclusivamente para marcar los acentos del baile.

BULERIAS

JUAN SERRANO

117

BULERIAS (CONT.)

JUAN SERRANO

118

BULERIAS (CONT.)

JUAN SERRANO

119

BULERIAS (CONT.)

BULERIAS

JUAN SERRANO

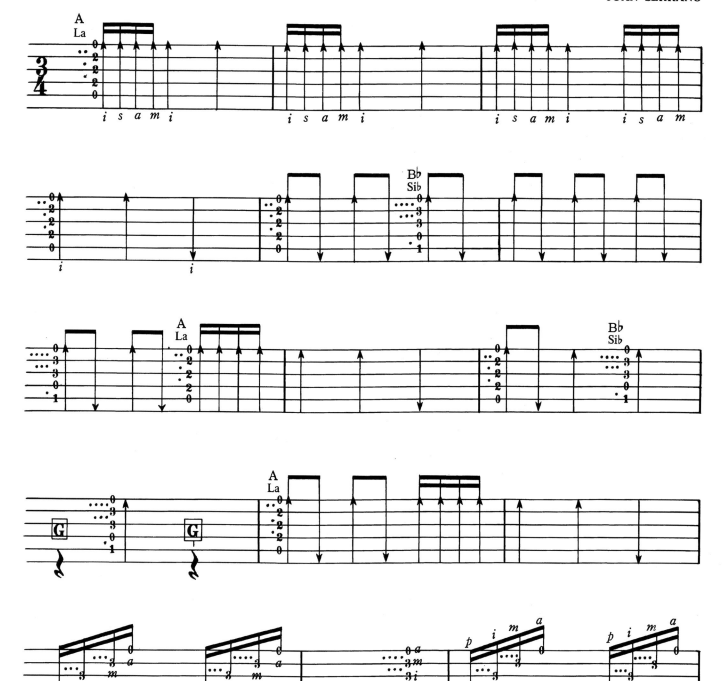

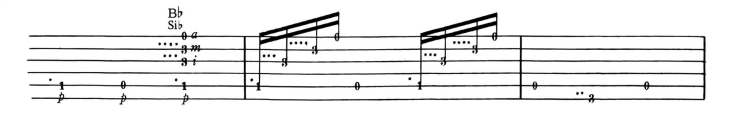

BULERIAS (CONT.)

JUAN SERRANO

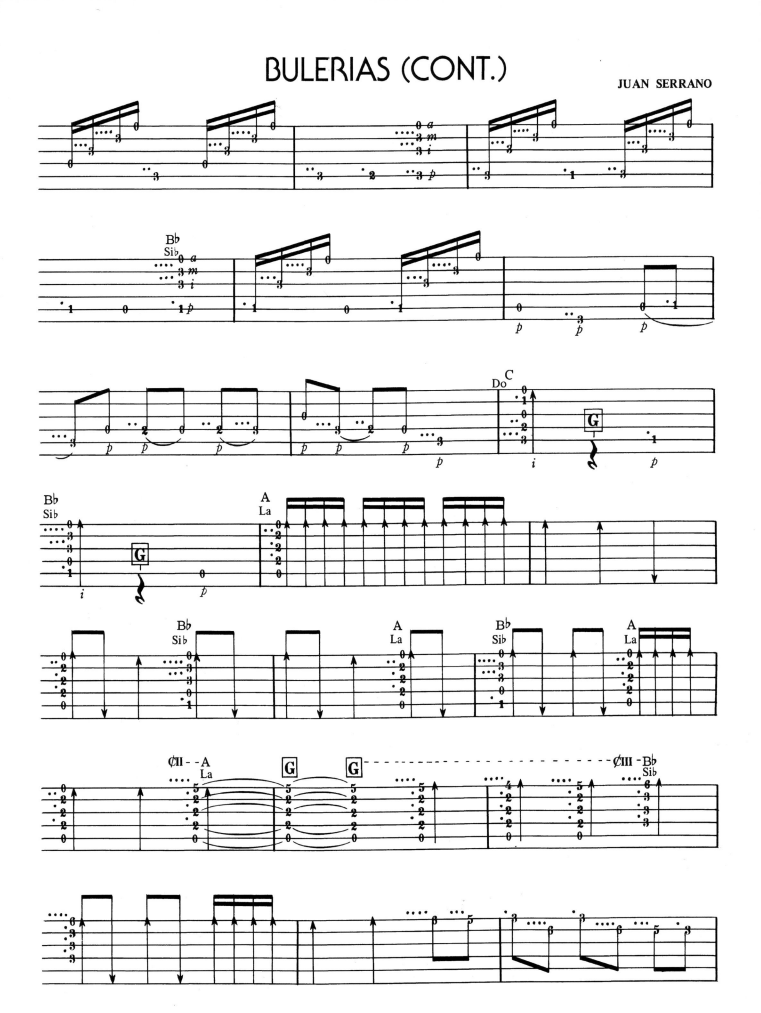

BULERIAS (CONT.)

JUAN SERRANO

BULERIAS (CONT.)

JUAN SERRANO

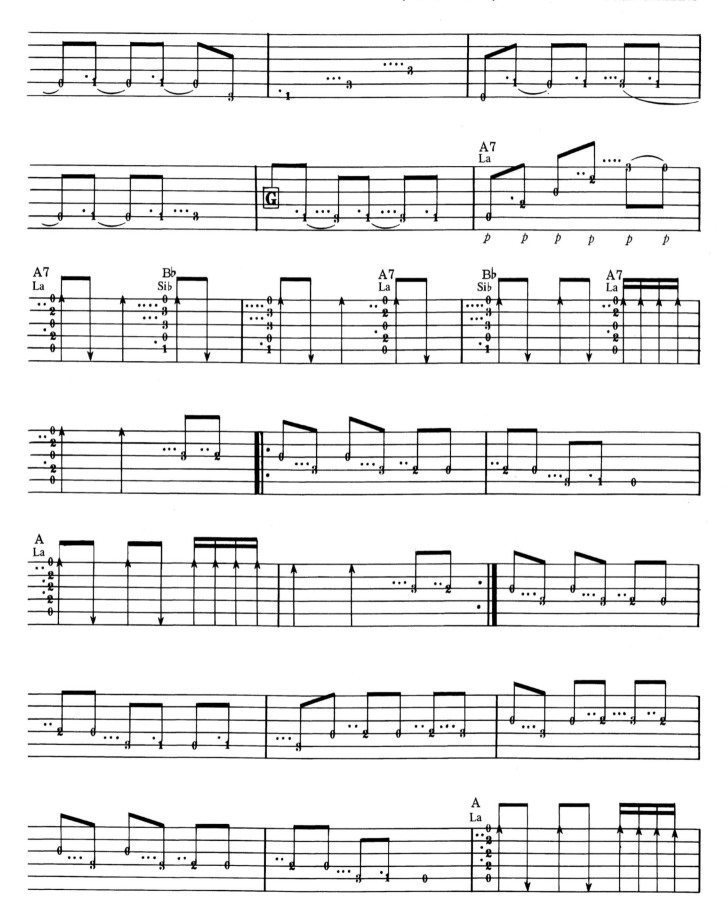

BULERIAS (CONT.)

JUAN SERRANO

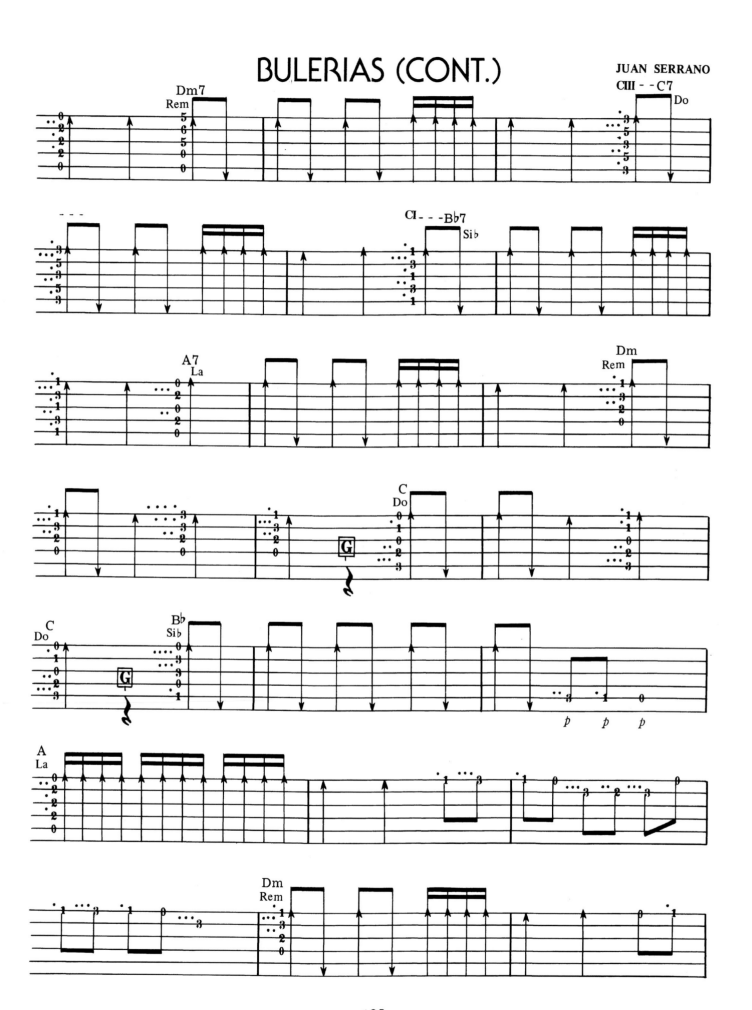

BULERIAS (CONT.)

JUAN SERRANO

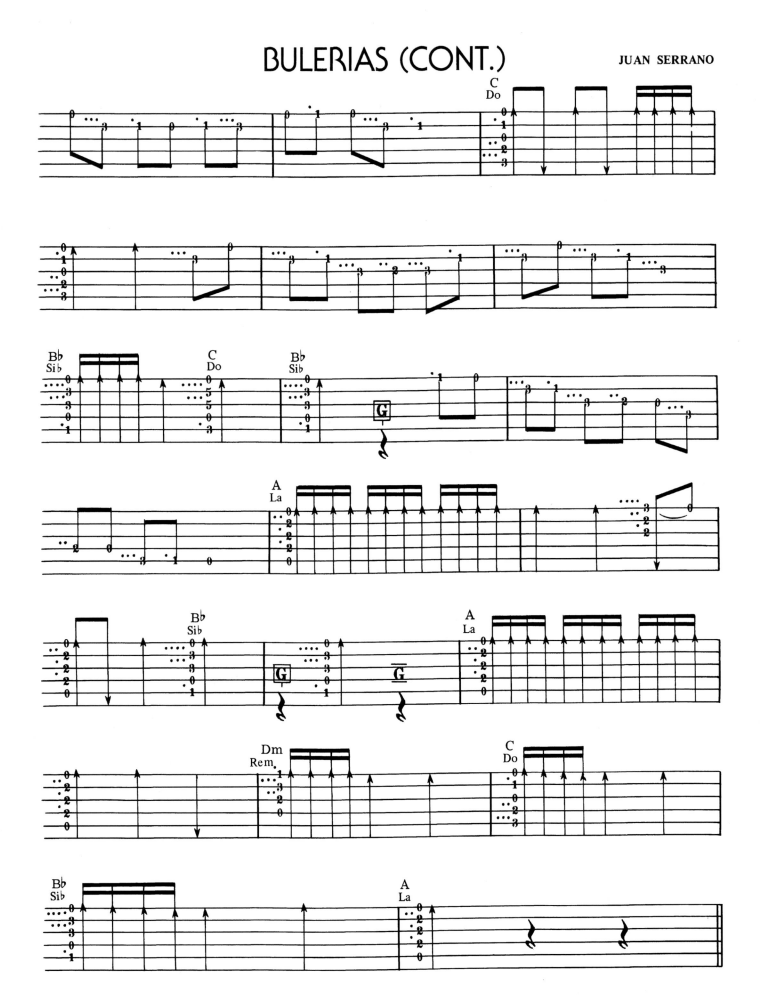

126

MALAGUEÑA FLAMENCA

The province of Málaga has its own styles in the flamenco world, such as, the Verdiales, the Serranas, the Rondeñas and the Malagueñas. But there are two types of Malagueñas—the flamenca and the regional.

The Malagueña Flamenca is derived from the traditional fandangos. It can only be sung or played as a guitar solo because it is a free style and does not have a defined rhythm.

These Malagueñas are named after their creators. Some of the more well-known are Malagueña de Chacón, Malagueña de Enrique el Mellizo, Malagueña de Juan Brevas etc.

Their expressive character is sad and sentimental. The Malagueña Flamenca appears to be associated with the more popular influence of the region and the illustrious accent of the Siguiriyas.

La provincia de Málaga tiene sus propios estilos en el mundo flamenco, como los Verdiales, las Serranas, las Rondeñas y las Malagueñas. Pero hay dos clases de Malagueñas— la Flamenca y la Regional.

La Malagueña Flamenca es derivada de los Fandangos tradicionales. La Malagueña Flamenca solo se puede cantar y tocar como solo de guitarra, porque es un estilo libre y no tiene un compás definido.

Estas Malagueñas tomaban el nombre de sus creadores y las más valiosas son conocidas con los nombres de Malagueña de Chacon, Malagueña de Enrique el Mellizo, Malagueña de Juan Brevas ect.

Su carácter expresivo es triste y sentimental y aparecen aliados el mejor influjo popular de la región y el ilustre acento de las Siguiriyas.

MALAGUENA—FLAMENCA

JUAN SERRANO

128

MALAGUENA—FLAMENCA (CONT.)

JUAN SERRANO

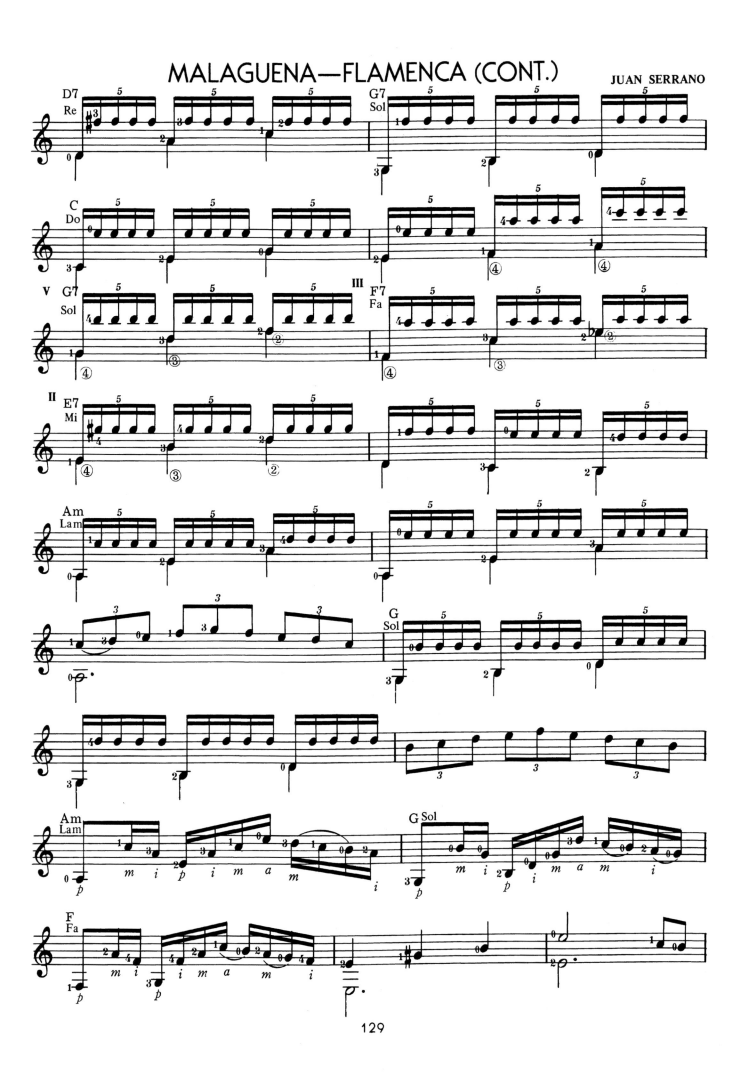

129

MALAGUENA—FLAMENCA (CONT.)

JUAN SERRANO

MALAGUENA—FLAMENCA

JUAN SERRANO

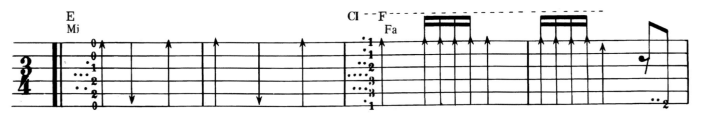

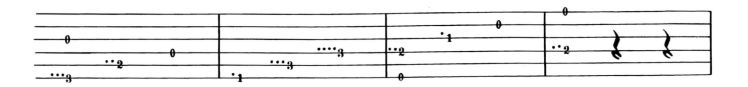

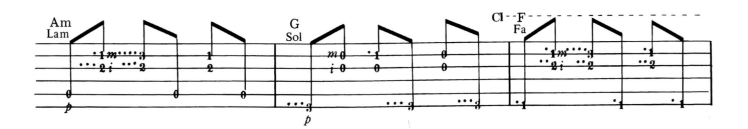

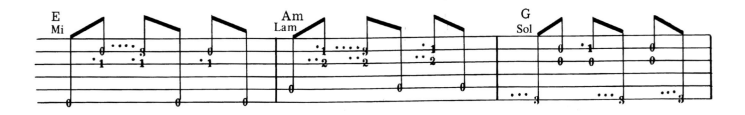

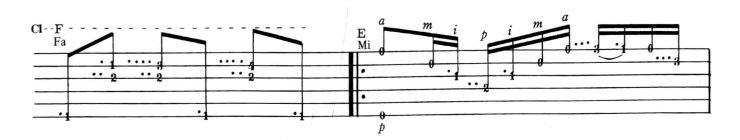

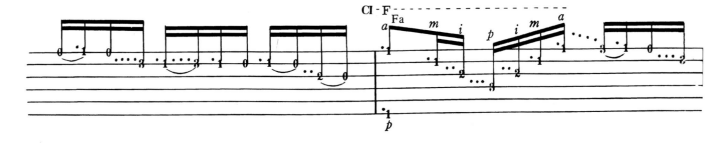

131

MALAGUENA—FLAMENCA (CONT.)

JUAN SERRANO

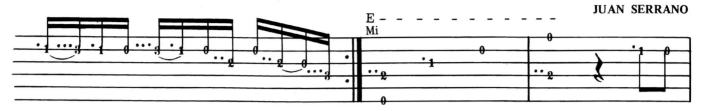

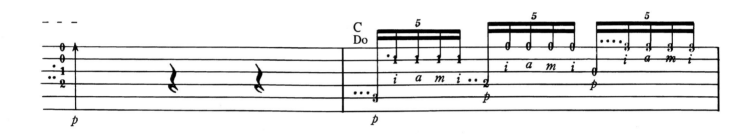

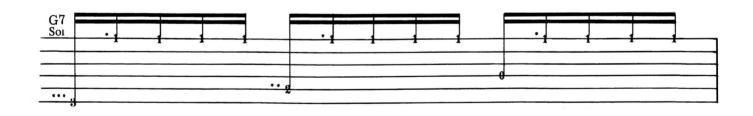

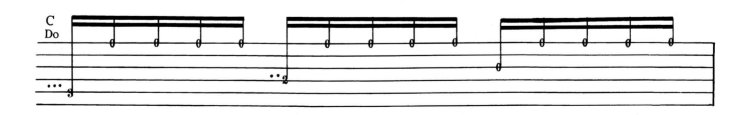

MALAGUENA—FLAMENCA (CONT.)

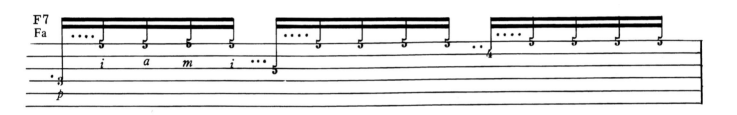

MALAGUENA—FLAMENCA (CONT.)

JUAN SERRANO

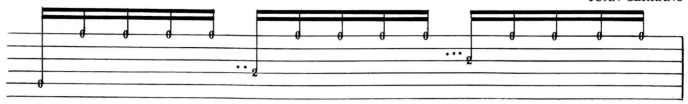

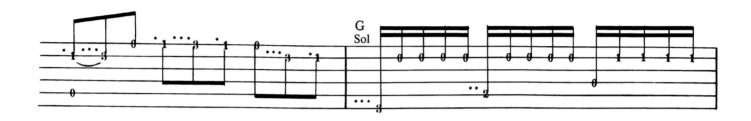

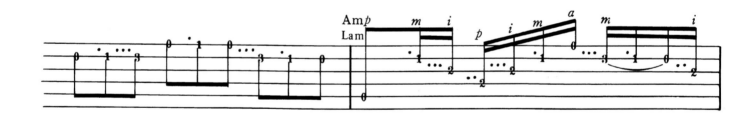

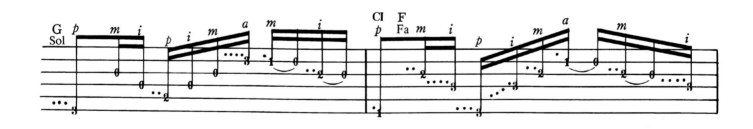

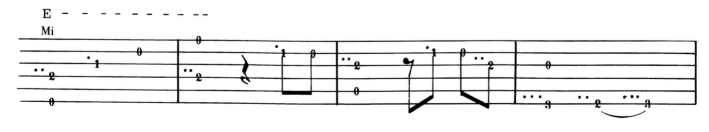

MALAGUENA—FLAMENCA (CONT.)

COPLA   JUAN SERRANO

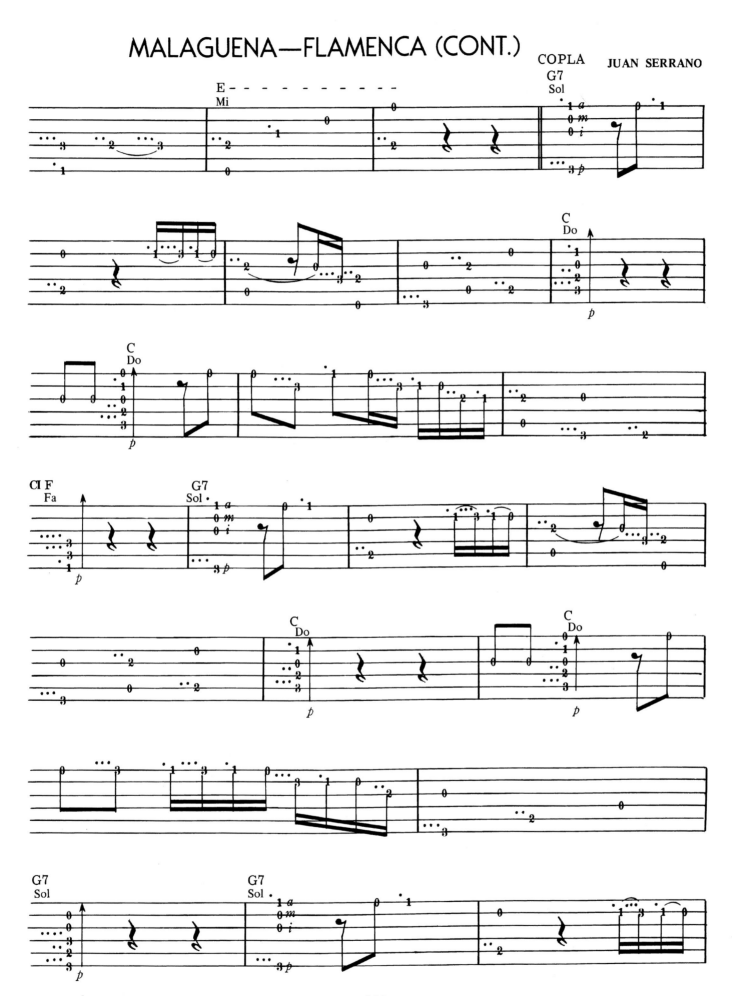

135

MALAGUENA—FLAMENCA (CONT.)

JUAN SERRANO

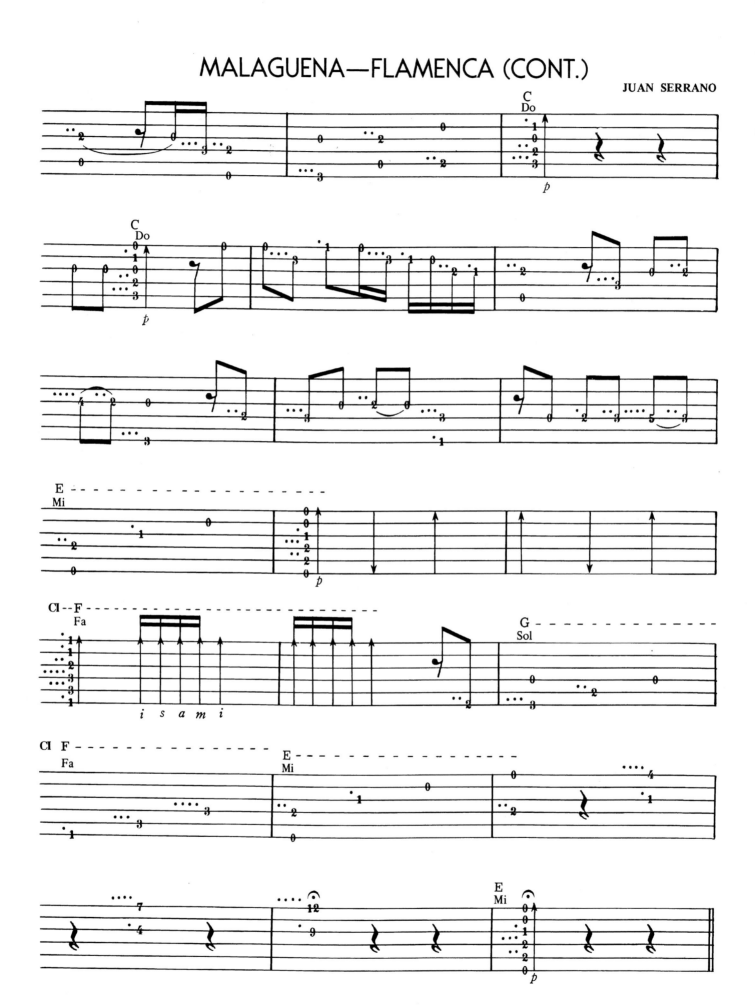

MALAGUEÑA REGIONAL

The Malagueña Regional is in the group of the Spanish classical dance. Its musical form and rhythm are very similar to the Verdiales.

This Malagueña is danceable and its expressive character is happy.

The well-known semi-classical Malagueña of the Cuban composer Ernesto Lecuona is based on the Malagueña Regional. This composition was written for orchestra although a transcription for the guitar was made afterwards.

Neither the semi-classical Malagueña of Lecuona or the Malagueña Regional have anything in common with the traditional Malagueña Flamenca.

La Malagueña Regional está dentro del grupo de los bailes clásicos españoles. Sus formas musicales y rítmicas son muy parecidas a los Verdiales.

La Malagueña Regional es bailable y su carácter expresivo es alegre.

La famosa Malagueña semi-clásica del compositor Cubano Ernesto Lecuona está basada en la Malagueña Regional. Esta composición fue escrita para orquesta aunque después se han hecho transcripciones para guitarra.

Ni la Malagueña semi-clasica de Ernesto Lecuona, ni la Malagueña Regional tienen nada en común con la Malaguéna Flamenca Tradicional.

MALAGUENA REGIONAL

JUAN SERRANO

MALAGUENA REGIONAL (CONT.)

JUAN SERRANO

139

MALAGUENA REGIONAL (CONT.)

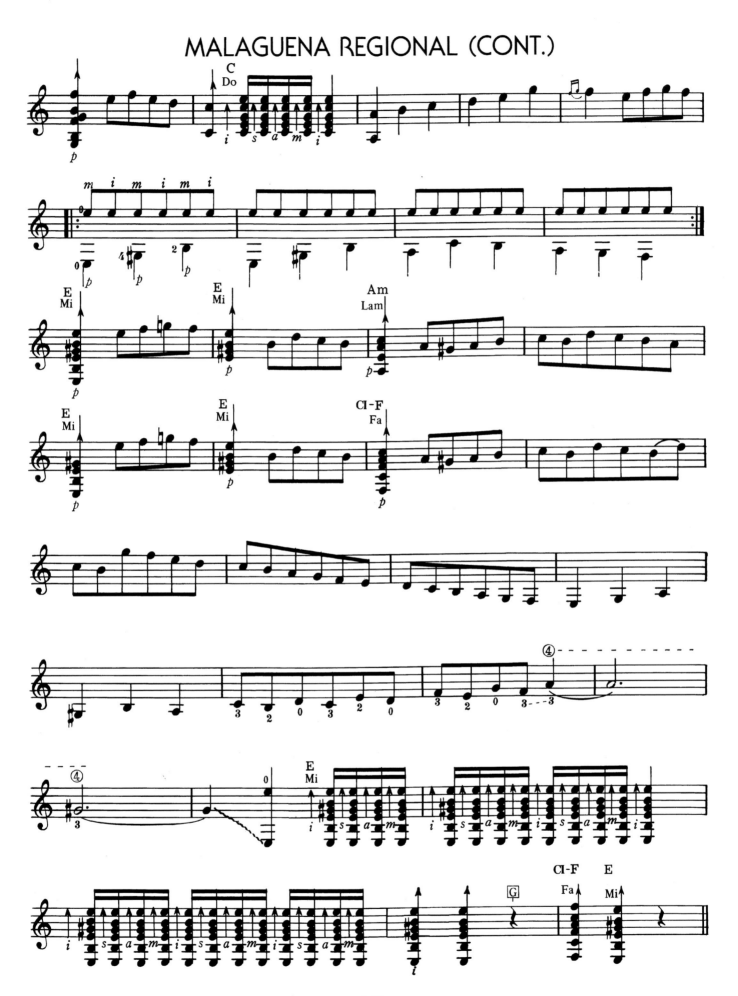

MALAGUENA REGIONAL

JUAN SERRANO

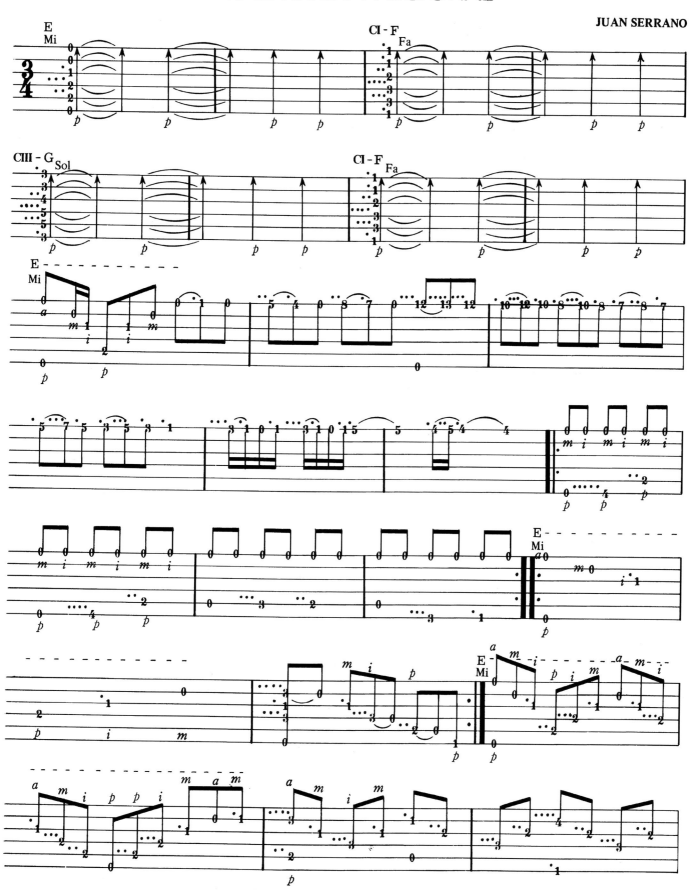

MALAGUENA (REGIONAL) (CONT.)

JUAN SERRANO

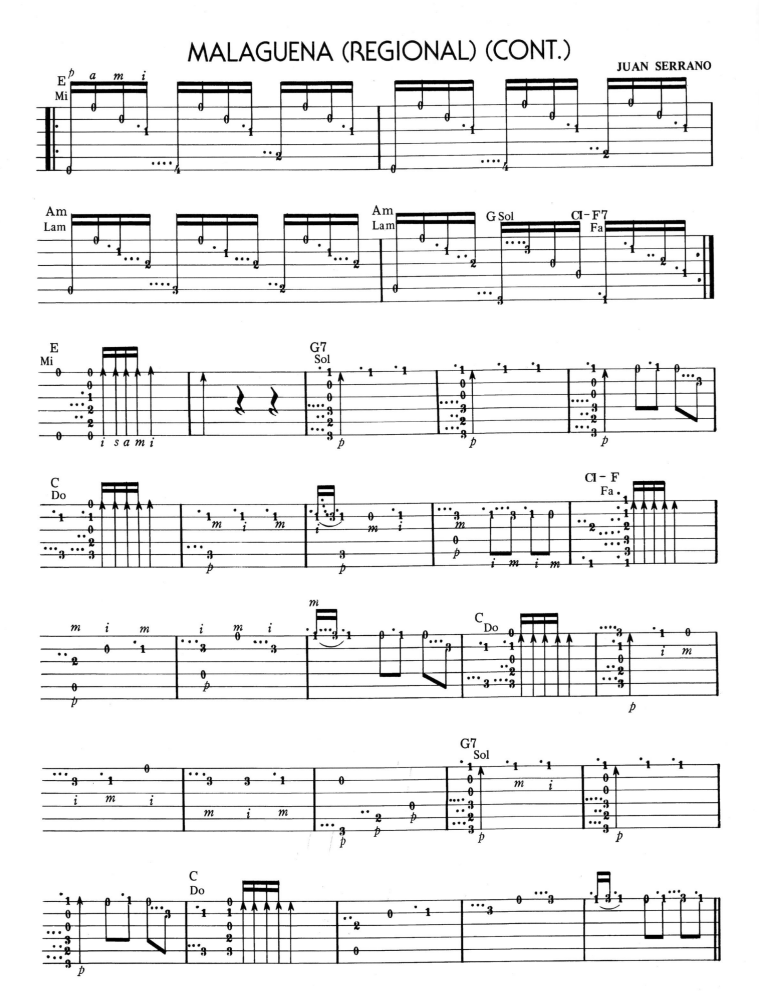

142

MALAGUENA (REGIONAL) (CONT.)

JUAN SERRANO

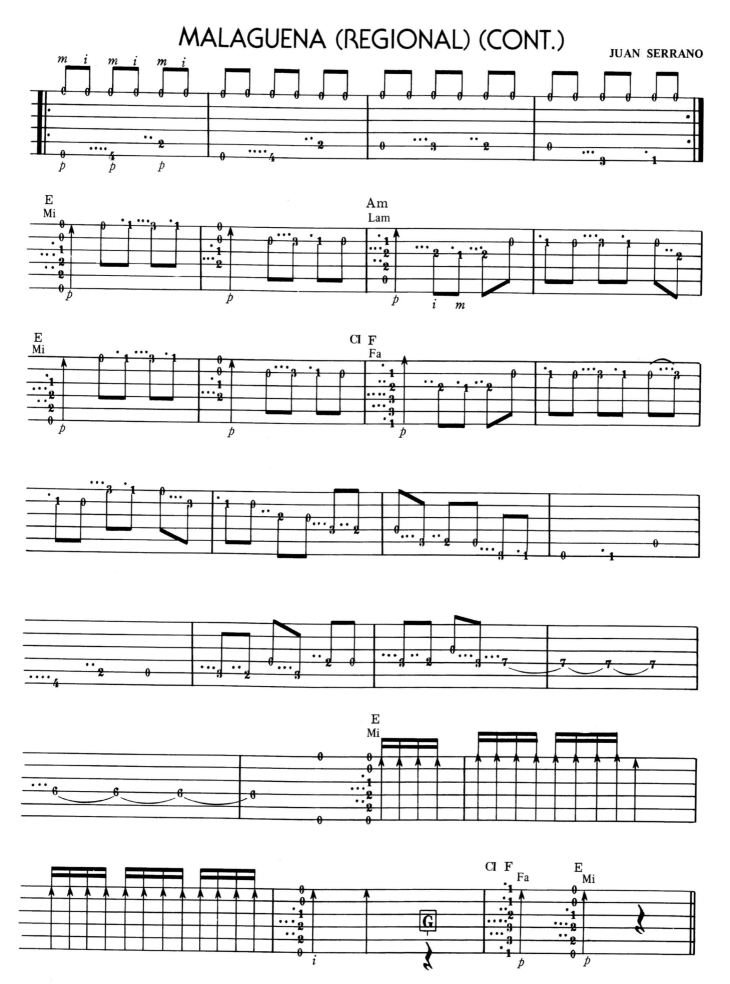

ROMANCE FLAMENCO

Romance de Amor is a well known classical piece written in 3/4 time.

In the following arrangement the rhythm has been changed to the flamenco style, but the original melody remains unchanged.

This flamenco version can also be played by two or more guitarists. The accompanying guitarists need only play the rhythm pattern and follow the chords.

Romance de Amor es una pieza clásica muy conocida, escrita en compás de 3/4.

El arreglo siguiente tiene el ritmo cambiado al estilo flamenco pero mantiene la melodía original.

Esta versión flamenca también puede ser tocada por varios guitarristas. Los guitarristas acompañantes sólo tienen que tocar el ritmo y seguir los acordes.

ROMANCE FLAMENCO

JUAN SERRANO

ROMANCE FLAMENCO (CONT.)

JUAN SERRANO

146

ROMANCE FLAMENCO

JUAN SERRANO

ROMANCE FLAMENCO (CONT.)

JUAN SERRANO